どうすれば日本人の賃金は上がるのか

野口悠紀雄

日経プレミアシリーズ

はじめに
毎日、勤勉に働いているのに賃金が上がらない

賃金や給与は、生活の最も基本的な条件を決める重要な要素だ。
ところが、日本人の賃金は、この20年以上の期間にわたって、ほとんど上昇していない。これは先進国では例外的な現象だ。

多くの国で賃金が上昇しているので、日本人は相対的に貧しくなっている。この傾向には、なんとか歯止めをかけなければならない。

なぜ日本人の給与が増えないのか？　それは日本人が怠けているからではない。それどころか、毎日、勤勉に働いている。それにもかかわらず、賃金が上がらない。そうなる原因は、個人の努力を超えるところにあると考えざるを得ない。

どれだけの賃金や報酬を得られるかは、個人の努力によって変わる面もあるが、普通は、社会的な制度によって決まってしまう部分が大きい。実際、会社に勤めている人の場合に

は、給料について個人の裁量で変わる余地はほとんどない。

だから、日本の賃金が上がらなくなってしまったのは、日本社会の仕組みに問題があるからだと考えざるを得ない。現在の日本の制度が合理的なものではないから、真面目に働いても賃金が増えないのだ。

なお、問題は社会全体の平均賃金だけではない。自分の働きが正当に評価されていないと考えている人は多いだろう。これは、不公平というだけでなく、日本社会の活力を奪うことになっている可能性が高い。

不合理な社会の仕組みを変える「2つの力」

では、どうすれば、社会の仕組みを変えられるのか？　言うまでもないことだが、社会的な仕組みを変えるのは簡単なことではない。しかし、全く不可能というわけでもない。

不合理な仕組みを変える力として、2つのものがある。第1は、「マーケットの力」だ。不合理な仕組みを採用している会社には有能な人材が集まらず、集まっても業績が上がらない。その結果、その会社は淘汰される。そして、合理的な仕組みを採用している会社が成長していくだろう。

しかし、現実の社会には、こうした力の働きを妨げる要因がある。しかも、こうしたメカニズムが働くには、長い時間がかかる。

不合理な仕組みを変えるもう一つは、「政治の力」だ。様々なルールや規制が採用されたり、政策が行われたりすることによって、給与の仕組みが合理的なものになっていくことが期待される。実際、日本の政治の場でも、賃金の引き上げは重要な問題として取り上げられている。

ただし、これも万全なものではない。本当に有効な対策が行われているかどうかについては、大きな疑問がある。

なぜ政治が介入しても賃金が上がらないのか

政治的な力が現状を改革しない基本的な理由は、「賃金が決まるメカニズムが正しく理解されていない」ことだ。

現在の状況を変えていくためには、国民一人ひとりがいまの仕組みにどのような問題があるかを正しく理解し、それを変えることを政治に求めなければならない。

だから、仕組みを合理的なものにするためにまず必要なのは、**賃金がどのようなメカニズ**

ムで決まるかについての正しい理解だ。賃金は一体どのような仕組みで決められているのか、そして、そこにどのような問題があるかの理解だ。

「労働者は資本家によって搾取されており、そのために賃金が上がらない」という考えがある。マルクス経済学の影響を受けた人たちには、このような考えを持つ人が多い。

賃金の決定に労使交渉が影響していることは間違いない。しかし、それは賃金の基本的な水準を決めるものではない。

賃金の基本水準は、企業の「稼ぐ力」によって決まる。これは経済学で「付加価値」と呼ばれているものだ。売上高から売上原価を差し引いたもので、「粗《あら》利益」とも呼ばれる。

粗利益は、その重要性にもかかわらず、企業会計でこれまでさほど注目されていなかった。これは、多くの人が企業を投資の対象として見ているからだろう。そのため、利益に関連した指標が分析の対象とされてきた。

しかし、賃金や給与を考える場合には、付加価値＝「稼ぐ力」が最も重要な指標だ。本書の議論は、この指標を軸として展開される。

就業者一人あたりの付加価値は、「生産性」と呼ばれる。だから、「賃金は生産性によって決まる」といってよい。

統計を見ると、付加価値中の賃金の比率は、時系列的にあまり大きく変化していない。だから、日本の賃金が20年間上がらない基本的な原因は、労働組合の力が弱まったことではなく、企業の稼ぐ力が停滞していることなのである。

したがって、賃金を高めるためには、企業の稼ぐ力を高めなければならない。そして、その障害となっている条件を取り除き、稼ぐ力を高める環境を整備しなければならない。これが、賃金の問題を考える際の最も基本的な視点だ。

なお、「賃金」「報酬」「給与」などは、厳密には別の概念だ。これらと「所得」も別の概念だ。ただし、これらを厳密に区別する必要がない場合も多い。そうした場合、本書では、厳密な区別をせずにこれらの言葉を使っていることがある。

本書の構成

本書は、つぎのように構成されている。

第1章では、アメリカ先端IT企業の給与が驚くべき額になっていることを見る。例えば、グーグルのトップクラスのエンジニアの年収は、1億円を超える。こうなるのは、先端IT企業の「稼ぐ力」が途方もなく大きいからだ。アメリカでは、このような企業が先導し、情報処理産業を中心として経済全体の賃金が上昇している。

賃金が目覚ましく上昇しているのは、アメリカだけではない。韓国や台湾の賃金も、高い伸び率で成長を続けている。韓国の賃金水準は、すでに日本より高くなった。その反対に、ウクライナ侵攻で世界に衝撃を与えたロシアの賃金は、著しく低い。これは、ロシアの企業の「稼ぐ力」が弱いからだ。こうした状況を第2章で見る。

「稼ぐ力」が信じられないほど高い企業が、アメリカ以外にも現れている。例えば、先端半導体の製造装置のメーカーであるオランダのＡＳＭＬだ。なぜ日本では、このような企業が現れないのか？ その理由を第3章で探る。

日本の中でも、給与が高い人と、そうでない人がいる。誰しも、自分が日本社会の中でどの程度の位置にいるのかを知りたいと思うだろう。だが、それを統計の数字から読み取るのは容易でない。なぜなら、多くの場合、統計は平均値しか示していないからだ。もっと具体的なイメージを描ける評価ができないだろうか？ この問題を、第4章で考える。

賃金や給与には、格差がある。こうした差は、何によって生じるのだろうか？ これが第5章の課題だ。本書の答えは、格差は資本装備率によるということだ。この章では、さらに、「一人あたり付加価値」を「一人あたり売上高」と「売上高に対する付加価値の比率」に分解して、分析する。

2022年になって、日本は激しい物価高騰に襲われている。その半面で、賃金は上がらない。したがって、日本人の生活は苦しくなる。なぜ賃金が上がらないのか？　こうした状況から脱却するには、どのような政策が必要か？　この問題が第6章で論じられる。

第7章では、日本の賃金を長期的停滞状態から脱却させるために何が必要かを考える。

これまでの日本の賃金政策は、「賃金を引き上げるためには付加価値を増やす必要がある」という基本を踏まえないものであったため、有効なものとなり得なかった。

付加価値の増加は、決して簡単な課題ではない。ここには、税制、年功序列的賃金体系、女性労働力の活用、組織間の労働力流動化の促進など、社会の基本的な仕組みに関わる問題が含まれている。日本人の賃金を引き上げることは、日本経済を再活性化することとほぼ同義であり、その実現には、日本社会を根底からオーバーホールすることが必要だ。

ところで、本書の執筆期間中に急激な円安が進行した。このため、原稿を執筆した時点の違いによって、円とドルの換算レートにかなりの違いが生じることとなった。こうしたことは、初めての経験だ。この期間の円安進行がいかに異常だったかが、改めて分かる。

いずれかの時点のレートに揃えることも考えられるが、そのレートが適切なレートという理由もない。そこで、執筆時点の換算レートのままとし、そのレートを明記することとした。

政府も日本銀行も、「為替レートの急激な変動は望ましくない」としている。書籍の執筆にさえこれだけの混乱をもたらすのだから、実務での混乱はいかばかりであろう。日本経済がかつてない混迷の時代に入ったことを実感する。

本書は、ダイヤモンド・オンライン、東洋経済オンライン、現代ビジネスなどに公表したものを基としている。これらの連載にあたってお世話になった方々に御礼申し上げたい。

本書の刊行にあたっては、日経BP　日経BOOKSユニット第1編集部　長澤香絵氏、田口恒雄氏にお世話になった。御礼申し上げたい。

２０２２年７月

野口　悠紀雄

目次

はじめに　毎日、勤勉に働いているのに賃金が上がらない 3

第1章 シリコンバレーの技術者は年収1億円 23

1 アメリカのトップ技術者の壮絶な年収 24
先端IT企業に存在する「年収1億円サラリーマン」
基本給のほかにストックオプションもある
平均エンジニアでも年収3000万円
シリコンバレーが全米の給与を牽引している

2 アメリカでは高度専門職の報酬が高い 28
日本社会は高度専門家に高い報酬を与えない
所得の偏りが著しいアメリカ、平等に貧しい日本
「アメリカのようにはなれない」　日本を覆う〝諦めムード〟の危険

3 アメリカの賃金を引き上げる「アマゾン効果」 33
アメリカで「コストプッシュ・インフレ」が起きているか？
アメリカでは物価上昇率よりも賃金総額の伸び率が高い
「アマゾン効果」は本当にあるのか？
日本では、情報通信業でも企業の付加価値が増加していない
4 「日本全体の約4分の3」の経済力を持つシリコンバレー 40
シリコンバレー企業の時価総額は「旧東証一部企業の4分の3」
アップル・スペースシップ：巨大な宇宙船の降臨
スタンフォード大学の敷地は、山手線内側の半分

第2章 これでいいのか日本　いまや韓国より低賃金 47

1 韓国の賃金は日本より高い 48
日本の賃金水準は「他の先進国の5〜8割程度」
平均賃金が20年間上昇していないという大問題
2 一人あたりGDPでも韓国や台湾が日本を抜きそう 50

豊かさの指標・一人あたりGDPが示す衝撃の事実
G7で日本が最も貧しい国に／アベノミクスの円安政策が日本を没落させた

3 このまま購買力が低下すれば、日本人はどうなる？ 54
円の実質実効レートは固定為替レート時代に逆戻り
為替レートの影響を除去しても、日本の賃金は下落
日本のビッグマックはついに中国よりも安くなった
iPhoneをなぜ「高い」と感じるようになったのか？

4 給与面から解剖する「ロシア軍の正体」 60
実は弱かったロシア軍／軍人の給料が高くないから、優秀な人材が集まらない
月給わずか1780円の兵士もいる／殺されて1万2000円か、生き延びて530万円か
ロシアの一人あたりGDPはマレーシアと同じくらい
クリミア編入後に、GDPが大きく下落／ロシアの貧しさを他山の石に

5 日本と韓国　本当はどちらが豊かなのか 70
日韓どちらが豊かかは、指標によって変わる／賃金と一人あたりGDPはどこが違うのか？

生産性と一人あたりGDPの違い／パートタイマーを考慮する必要

6 パートタイム労働者の扱いが重要 75
就業形態で大きく違う賃金
日本ではパートタイム労働者の比率が高い ／ 日本の統計は不完全

第3章 賃金を決めるのは、企業の「稼ぐ力」 81

1 「稼ぐ力」がものすごい企業 82
ゴミ捨て場に生まれて、半導体を制覇したオランダ企業
ニコン、キヤノンの優位をＡＳＭＬが覆す
日本メーカーの「自社主義」が、「分業主義」に負けた
「核になる技術」を持っていたので負けた
２００１年に注力すべきだったのは、デジタルカメラか、半導体製造装置か？
2 アメリカ先端ＩＴ企業の給与が高くなるメカニズム 88
「従業員一人あたりの付加価値」が給与水準を決める
シリコンバレーのＩＴ企業の賃金はなぜあれほど高いのか？
賃金が上がる製造業と、上がらない製造業の違い

3 あの会社の給料は、なぜ高いのか？ その原因を解明する 94
従業員年収1000万円以上の会社に見る、2つのタイプ
従来型の製造業では、年収1000万円は無理
企業の規模が大きくなっても、賃金は上がらない ／ 一人あたり付加価値と年収を比較する

第4章 あなたの給料は、日本人の平均より高いか？ 103

1 統計で見る日本人の平均給与 104
日本人全体の平均年収は360万円だが……
45～49歳で正規なら、「月収40万円」が目安
正規と非正規の賃金差は年齢とともに広がる
学歴を得る努力が経済的に正当化できるか？

2 「成功者」といえる年収はいくらか？ そうなる人の比率は？ 111
国家公務員の給与：本省課長なら年収1200万円を超える
民間企業では、年収1000万円超えが「成功」の目安
「成功者」と呼べる年収がもらえる人は、大卒者の5分の1

日本の「成功者」の年収は、アメリカ修士の初任給程度

3 大企業では、男性従業員の3割が年収1000万円超 117
会社内での自分の所得の位置づけを知るには？／所得の分布は、「パレート分布」
製造業大企業や銀行では、男性の約3割が年収1000万円超／推計方法

4 50代世帯は所得で4グループに分けられる 124
世帯総所得1000万円超は、全体の12・1％
25〜34歳層でも年所得1000万円以上の世帯が3％
50代では、年所得1000万円以上の世帯の比率は、20％程度
50代の所得による4つのグループとその割合

第5章 賃金格差はなぜ生じるのか？ 131

1 賃金格差を是正しなければ所得格差を是正できない 132
所得格差を生む大きな要因は賃金格差
バラマキでは格差を解消できない

2 業種別・企業規模別に大きな賃金格差がある 133
業種別・企業規模別で5倍以上もの賃金格差
高度成長期から変わらない大企業と中小企業の「二重構造」
業種による賃金格差が生じるメカニズム
3 賃金格差を決めるのは「資本装備率」 140
なぜ大企業と中小企業で賃金格差が生じるのか？
賃金格差を生むのは、従業員一人あたりの固定資産の差
4 一人あたり付加価値が高くなるメカニズム 143
なぜ資本装備率が賃金に影響するのか？
小企業は、大企業より効率的に付加価値を生産できる
大企業と小企業の賃金格差を政策の力で改善できるか？
企業規模による賃金格差が、製造業で大きく、小売業で小さい理由
売上高・付加価値の比率は、なぜ小企業のほうが高くなるのか？
「日本の生産性が低いのは零細企業が多いから」は本当か？
ファブレス製造業の生産性は高い ／ デジタル化への投資で生産性を高める

5 飲食業は本当に極貧産業なのか？ 157
飲食サービス業の年収は141万円でしかない
パートの影響を調整するため、「フルタイム当量」を計算する
パートが多いのは、ファミレスとコンビニ
適切な統計データがなければ適切な政策は生まれない

第6章 物価は上がるが賃金は上がらない

167

1 物価も賃金も上がるアメリカ　物価は上がるが賃金は上がらない日本 168
日本の「実質賃金」は危機的な状況に／アメリカでは賃金と物価が上昇している
春闘で賃上げしても、経済全体の賃金は上がらず／日米の賃金決定メカニズムの違い
日本で、物価が上がっても賃金が上がらない2つの理由
日本人は「賃金が上がらない」より「解雇される」を恐れる
物価とともに賃金が上がったオイルショック時との決定的な違い

2 円安がインフレを増幅する 178
なぜ今回は深刻なのか？　これまでの原油高、円安局面との違い

アメリカの利上げで、超円安が進んだ理由
急激な円安は、日米金融政策の差による

3 **円安が国益であるはずはない** 182

「円安が望ましい」という誤解 ／ 企業の利益が増えても、国全体の利益にはならない
民主党政権も円安を求めた ／ 日本の失敗は、円安という麻薬に頼ったこと
今回の円安が従来と違う理由 ／ 通貨安の恐ろしさが、日本でもようやく理解される

4 **日銀は金融緩和から脱却し、円の価値を守れ** 190

物価対策という対症療法の前にまずすべきこと
円安スパイラルをぜひとも阻止せよ ／ 日銀は中央銀行本来の使命に戻れ
消費者と労働者の利益を守る政治勢力が存在しない

第7章 どうすれば日本人の賃金を上げられるか？ 197

1 **なぜ政策で賃金が上がらなかったのか？** 198

賃金を上げるための、たったひとつの道
安倍内閣の春闘への介入や、賃上げ税制が奏功しなかったのは、なぜか？

最低賃金引き上げや同一労働同一賃金は、見かけ上の効果しかない

2 賃金を上げるためにまず行うべきこと 201
「分配なくして成長なし」でなく「成長なくして分配なし」

年功序列的な給与体系や退職金はいまのままでいいのか？

個人の能力を高めるために、高等教育を改革／労働力の減少にどう対処するか？

3 税制は働き方を変える 206
「主要国中で日本だけが平均賃金下落」の背景
社員もパートも賃金は下がっていないのに、なぜ平均賃金が下がるのか？
パートが増えるので平均賃金が下がる／日本ではパートタイム労働者の比率が増加している
税制の見直しで女性の社会参加を促せ

4 「日本人の6割近くは働いていない」という衝撃の事実 214
通常の「労働力率」は、実態を表していない
日本人の45％しか働いていない／日本は女性の潜在力を活用していない

5 日本型報酬体系が、企業の変革を阻害している 221
欧米諸国では、30歳以降は年功で賃金は上がらない

年功序列の報酬体系があるから、デジタル化が遅れる
転職者が少ないと、産業の新陳代謝が起こらない　／　60歳からの生活をどう支えるか？

6 ジョブ型雇用は日本経済再生の突破口になるか？ 227
ジョブ型雇用の導入企業が広がる　／　ジョブ型が本当に必要なのは「経営」
日本の雇用体制は、戦時中に確立された「1940年体制」のまま
「もらいすぎ中高年」対策から、人生100年時代の雇用へ

7 「新しい付加価値を生み出す企業」を作れ 233
日本にとって最も重要な長期的経済課題　／　「停滞」でなく「衰退」に陥る危険
国際的分業とファブレス製造業を目指せ　／　ビッグデータの活用を目指せ
政府の役割は補助ではなく「変化を阻害する条件の撤廃」
雇用調整助成金に見る雇用優先政策の行きすぎ　／　大学を補助するのでなく、学生を補助せよ

あとがき　人の生くるは、パンのみによるにあらず 244
「高い給与を追い求めるのではなく、足るを知るべし」との考えについて
そして、大審問官の物語

索引 250

図表目次

図表2－1 一人あたりGDP 51
図表2－2 一人あたりGDPの推移 53
図表2－3 GDPに占める軍事費の比率（2020年） 61
図表2－4 一人あたりGDP（2020年） 67
図表2－5 一人あたりGDPの推移 68
図表2－6 生産性と一人あたりGDP 73
図表3－1 アメリカ先端企業の粗利益など 91
図表3－2 企業の付加価値、給与等 96
図表4－1 雇用形態別・年齢別賃金 107
図表4－2 国家公務員の給与 112
図表4－3 民間の給与 113
図表4－4 男性従業員の年収分布 119
図表4－5 年収1000万円以上の比率（男性従業員の場合） 121
図表4－6 50代の所得による世帯のグループ化 128
図表5－1 業種別・企業規模別年平均給与 135
図表5－2 企業規模別の諸指標 138
図表5－3 従業員一人あたり計数 139
図表5－4 資本金10億円以上の企業の比率 140
図表5－5 資本装備率（横軸）と一人あたり付加価値（縦軸） 144
図表5－6 従業員一人あたり売上高 147
図表5－7 売上高・付加価値比率 148
図表5－8 業種別のパート比率とFTE賃金など 161
図表5－9 事業所規模別パート比率 162
図表6－1 春闘賃上げ率と一般労働者賃上げ率 171
図表6－2 付加価値と賃金支払い額の推移（四半期） 174
図表6－3 消費者物価と賃金などの対前年比の推移 177
図表7－1 日本の平均賃金指数の推移 207
図表7－2 日本の平均年賃金の推移 208
図表7－3 一般労働者とパートタイム労働者の賃金指数の推移 209
図表7－4 労働力統計による労働力率の推移 215
図表7－5 FTEベースの労働力率の推移 216
図表7－6 日本の年齢階級別賃金 222
図表7－7 アメリカの年齢階級別賃金 223

第1章

シリコンバレーの技術者は年収1億円

1　アメリカのトップ技術者の壮絶な年収

先端IT企業に存在する「年収1億円サラリーマン」

２０２２年2月、「アマゾンが従業員の年収上限を日本円換算で約４０００万円に引き上げた」と報じられた。技術者の引き抜きに対抗して、優秀な技術者を確保するのが目的だという。あまりの高額さに言葉を失う。

しかし、これはアメリカでは格別に珍しいこととはいえない。「levels.fyi」という就職情報のウエブサイトがある。ここには、アメリカ企業がオファーしている報酬が、職種やレベルごとに細かく紹介されている。

それによると、アマゾンの場合、「ソフトウエア・エンジニアリング・マネージャー」という職種の場合には、最高クラスの年間給与が81・5万ドルだ。円に換算すれば９０００万円を超える（1ドル＝１１4円で換算）。グーグルのソフトウエア・エンジニアでトップクラスの「プリンシパル・エンジニア」（15年以上の経験者）を見ると１０2万ドルだ。

このような状況の中で、右に見たアマゾンの年収上限額約４０００万円（35・1万ドル）

は、格別高いとはいえない。

基本給のほかにストックオプションもある

注意すべきは、「levels.fyi」に掲載される報酬額には、ストックオプションが含まれていることだ。そして、その比率が高い。

例えばアマゾンの場合、これまで基本給の上限額は16・2万ドルだった。前述の「アマゾンが年収上限を４０００万円にした」というのは、基本給に関するものである。したがって、２倍以上の引き上げということになる。ずいぶん思い切った決定のように思えるが、実はそうでもない。

グーグルの場合には、基本給が33万ドルでストックオプションが58万ドルになっている。そしてボーナスが12・３万ドルだ。33万ドルを円に換算すれば、３７６２万円になるから、アマゾンがそれに対抗して、基本給の上限を４０００万円にしたというのは、うなずける話だ。我々から見ると、雲の上の巨人たちの戦いとしか思えないが……。

ところで、アメリカの経営者の収入は非常に高額だ。だが、経営者の年俸が高いのは、アメリカに限ったことではない。日本でも、アメリカほどではないが、高い。カルロス・ゴーン日産自動車元会長の年収がきわめて高額だったことは、よく知られている。

これまで述べてきたことの中で重要なのは、アメリカの場合には、「経営者だけでなく、技術者など高度専門家の給与が高い」という点である。

平均エンジニアでも年収3000万円

アメリカの転職情報サイト「levels.fyi」は、*Pay Report 2021* の中で、アメリカの企業につき、各社別、職種別の詳しい年収の値を公表している。グーグルやアマゾンについてはすでに述べたが、最上位の職種である「プリンシパル・エンジニア」について、先端IT企業での年収の全体像を改めて示すと、つぎのとおりだ（なお、カッコ内は、1ドル＝120円で換算した値）。

メタ（フェイスブック）	94万ドル（1億1280万円）
グーグル	102万ドル（1億2240万円）
アップル	75万ドル（9000万円）
マイクロソフト	65万ドル（7800万円）

この階級に入るのは全社員の３％程度であり、エリート企業の中でもエリートといえる人々だ。それにしても、高額だ。

「エンジニア」というクラス（2～5年以上の経験）だと、この3分の1程度になる。これが、その企業の平均賃金に近い値になるのではないかと推測される。それが日本円換算で３０００万円程度だから、日本の標準から見ると、ずいぶん高い。

日本の場合、上場企業の平均年収は公表されているが、その中で平均年収が２０００万円を超えているのは、Ｍ＆Ａキャピタルパートナーズ（２２７０万円）だけだ（２０２１年）。

シリコンバレーが全米の給与を牽引している

再び *Pay Report 2021* のデータに戻り、一番下の「エントリーレベル・エンジニア」という階級（0～2年の経験）を見ると、上位にある企業の場合、年収が20万ドル（２４００万円）程度だ。新卒者で全く経験がなくても、日本のトップ企業の平均給与を超える給与を得られるのだ。

次項で見るように、ハーバードやスタンフォードなどのトップクラス・ビジネススクールでは、卒業した直後の初任給（基本給）が15万ドル程度だが、エンジニアの場合には、もっと高いことが分かる。

Pay Report 2021 は、地域別の給与の中央値の数字も算出している。

第1位のサンフランシスコが24万ドル（2880万円。シリコンバレーは、ここに分類されている）。第2位のシアトルが21・5万ドルで、第3位のニューヨークの19万ドルよりずっと高くなっている。

この地域にある高給与を支払う企業が、優秀な人材を他企業から引き抜こうとし、その結果、アメリカ全体の給与が引き上げられているのだ。とりわけ高度専門家について、これが顕著に生じている。

2　アメリカでは高度専門職の報酬が高い

日本社会は高度専門家に高い報酬を与えない

1節で見たのは、時代の脚光を浴びている企業の、しかも、特別に給与が高い人たちである。だから、ごく一部の人だけのことだと思われるかもしれない。

しかし、アメリカでは、高度専門家の給与が一般に高い。アメリカ商務省のデータを見ると、「情報データ処理サービス」部門の２０２０年の平均給与は、18・４万ドル（２０９７万円）だ（1ドル＝１１４円で換算）。

平均給与が高い部門は、これだけではない。例えば、「証券、商品、投資」は25・４万ドル、「出版（ソフトウエアを含む）」は18・５万ドルだ。これらも、高度な専門家が活躍している分野だ。

アメリカの高度専門家の給与が高いことは、ビジネススクール卒業生の初任給のデータからもうかがうことができる。前述したように、ハーバードなどの有名ビジネススクールでは、卒業した直後の初任給が15万ドル程度だ。つまり、１７００万円くらいになる。

それに対して、日本の場合には、大学院生の初任給は男女計で年３０７・７万円だ（厚生労働省「令和2年賃金構造基本統計調査の概況」による）。これは医学部も含む数字だから、それを除けば２００万円台だろう。日本は、専門家を評価せず、彼らに対して相応の報酬を払っていないことが分かる。

所得の偏りが著しいアメリカ、平等に貧しい日本

ＯＥＣＤ（経済協力開発機構）によると、２０２０年における賃金は、日本が３・８５万ドルでアメリカが７・２８万ドルだ。だから、日本はアメリカの53％程度だ。しかし、右にみた専門家の年収や大学院卒の初任給の開きは、これよりずっと大きい。

つまり、平均値での日米格差よりも、高度専門家における日米格差のほうが大きいのだ。日本では賃金所得はアメリカより平等に分配されており、アメリカの場合には所得の偏りが著しいということになる。だから、これは、分配の問題として捉えることもできる。

しかし、それだけではない。一つは、技術者の専門家としての能力が評価されているかどうかだ。アメリカでは正当に評価されているといえるが、日本では疑問だ。

こうなるのは、アメリカでは、転職のマーケット（ジョブマーケット）が形成されているからだ。それに対して、日本ではこのようなマーケットはない。転職には、ジョブハンティングや個別的な人脈に頼らなければならない。これらは、限定的な役割しか果たさないので、専門家の評価が十分に行われないことになる。

日米間のもう一つの基本的な違いは、アメリカ企業の収益率が高いことだ。とりわけ、巨

大ＩＴ企業の収益率は非常に高い。

例えば、アップルの場合は、つぎのとおりだ（２０２１年度）。

売上から原価を引いた付加価値の総額は、１５２８億ドルだ。従業員数は10・０万人なので、一人あたりでは１５２・８万ドルになる。仮にこの６割が人件費だとすると、91・７万ドル。日本円では、１ドル＝１１４円で１億５２１７万円になる（ｐ91図表３－１参照）。つまり、アップルの収益は、専門家の力が実現しているものなのだ。

経営者の報酬などを差し引いたとしても、高級技術者に一人あたり数千万円の年収を支払うことは十分可能だろう。なお、こうした計算は、第３章の２節で、他の企業も含めて、もう一度行うことにする。

「アメリカのようにはなれない」　日本を覆う〝諦めムード〟の危険

以上のように給与の数字を並べれば、「人間の幸せは所得で決まるわけではない」との反論があるだろう。

そのとおりだ。

しかし、だからといって、社会全体として所得が重要であることを否定するわけにはいかない。一定の所得は、社会全体が幸せになるための「十分条件」ではない。しかし、間違いなく「必要条件」だ。所得再分配政策を行うにしても、元手がなければ皆が貧しくなるだけのことでしかない。

私は、1960年代の末にアメリカに留学したとき、その豊かさに圧倒された。それと同じような日米格差が、いま再現されつつある。

私たちの世代は、「ジャパン・アズ・ナンバーワン」ともてはやされた時代を経験している。だから、いまの状況はおかしいと感じている。

しかし、時間が経てば、この状態が当たり前だと思う人が増えてしまうかもしれない。そのような諦めムードは、すでに広がりつつあるように思われる。

以上で紹介したようなアメリカ最先端の給与事情を見て、「こんなことを日本で実現できるはずがない。アメリカと同じように豊かになることなど、逆立ちしてもできるはずはない」と諦める人がいるかもしれない。

そうした諦めが恐ろしい。そして、「人間の幸せは所得で決まるわけではない」が、それを正当化する安易な論理として使われることが、もっと恐ろしい。

この問題は、「あとがき」で再び取り上げることとする。

3　アメリカの賃金を引き上げる「アマゾン効果」

アメリカで「コストプッシュ・インフレ」が起きているか？

以上では個別企業の状況を見た。つぎにアメリカの全般的な状況を見よう。

アメリカの雇用統計によれば、２０２１年10月、11月の平均時給の前年同月比は、４・８％増だった。12月は５・３％増、２０２２年１月には５・７％増だった。２月には５・１％増になった。週平均労働時間も高止まり傾向だ。

各地で深刻な人手不足が続いており、レストランや小売店などで営業時間を縮小する動きが出ている。また、工場、港湾、トラック、倉庫などがフル稼働に必要な労働力を確保できないため、物流に支障が出ている。

これについて、２つの問題を検討する必要がある。

第１に、「賃金の上昇が物価を引き上げる」というスパイラル的なコストプッシュ・インフレーションが起きているのか？

第2に、労働市場がなぜ逼迫《ひっぱく》しているのか？　これは新型コロナウイルス感染拡大からの回復期における一時的現象なのか？　それとも、構造的な要因が影響しているのか？

2022年2月のアメリカの消費者物価指数は、前年比で7・9％の上昇となった。これは、1982年以来の40年ぶりの高い伸びだ。

項目別に見ると、ガソリンが前年比38・0％上昇など、エネルギー関連項目が25・6％の上昇になっていることの影響が大きい。「エネルギーと食料を除く」では、6・4％の上昇だ。これは、先に見た賃金上昇率とほぼ同程度の値だ。

これを見ると、上昇した賃金コストを、企業が製品価格に転嫁していると考えられなくはない。しかし、これについては、以下の点を考慮に入れる必要がある。

アメリカでは物価上昇率よりも賃金総額の伸び率が高い

第1に、賃金支払い総額は、前項で見た賃金よりさらに高い伸び率を示している。

アメリカ商務省ＢＥＡ（経済分析局）のデータによると、賃金（Wages and Salaries）の支払い総額の対前年同期比増加率は、２０２１年の第2、第3、第4四半期で、13・4%、11・4%、10・0%だった。先に見た平均時給の前年同月比より高いのは、雇用者が増えているためだ。雇用者数は、21年1月から22年1月までの間に、4・8%も増加した。

このように、**賃金支払い総額の伸び率は物価上昇率より高い**。だから、**実質賃金収入は増加している**ことになる。

消費者物価の上昇はエネルギー関係だけではないから、賃金上昇が影響していることは間違いない。ただし、「賃金の伸びを大幅に上回る激しいコストプッシュ・インフレが生じている」という状態とはいえない。

つぎに、第2の問題を検討しよう。アメリカでは、なぜ労働需給が逼迫しているのか？

この大きな原因が新型コロナウイルス感染拡大からの回復であることは間違いない。

それに加え、つぎのような特殊要因がある。企業は、コロナ感染で一時的に業務ができなくなった従業員にも、給料を支払い続けざるをえない。そうしないと、離職してしまうからだ。そして、代わりに雇った従業員にも、給料を支払う。このような「二重払い」が生じているといわれる。

また、転職すればさらに高い給与を期待できることから、自発的に離職する人々が増えているともいわれる。マイクロソフトが発表した *Work Trend Index, 2021* によると、回答者の41％が、「翌年（２０２２年）内に現在の仕事を離職する」ことを検討している。

テキサスＡ＆Ｍ大学のアンソニー・クロッツ教授は、こうした状態を「The Great Resignation（大量離職時代）」と呼んでいる。

ただし、賃金上昇の原因は、以上で述べたことだけではない。企業の業績が向上しているため、賃金を上げて人材を確保している面が強いと考えられる。

アメリカ企業の業績は、顕著に回復している。商務省ＢＥＡのデータによると、「減価償却前の国民所得」（national income without capital consumption adjustment）の21年第３四半期の対前年同期比は、経済全体で15・７％増だ。情報産業では24・３％増という著しい高さになっている。巨大ＩＴ関連企業について見ると、さらに高い伸び率だ（注）。

賃金分配率が変わらないとすれば、賃金所得がこれと同率で増加することになる。先に見たように、賃金支払い総額は、ほぼこれに近い率で増加している。ＩＴ関係の企業について見ると、さらに高い伸び率だ。

（注）ただし、アマゾンの収益は、２０２２年第１四半期（１～３月）には悪化しており、２０１５年第３四半期以来の赤字となった。

「アマゾン効果」は本当にあるのか？

全米の様々な地域で「アマゾン効果」といわれる現象が起きている。アマゾンが物流センターを新設して労働者を集めるので、その地域で人手不足が生じ、その結果、地域の賃金が上がるという現象だ。

現在のアメリカの賃金上昇は、右のようなメカニズムを通じて、アマゾンが引き起こしたものだとする見方がある。

一企業の動向がアメリカ全体の賃金に影響するとは信じがたいことだが、アマゾンの雇用者数はすでに１１０万人になっている。これは、アメリカの全雇用者のおよそ１５０分の１になる。ウォルマートに次ぐ、世界第2の雇用者だ。だから、これほど大きな効果があったとしても不思議ではない。

これは、「アマゾン効果」といわれるものだ。日本経済新聞は、そうした現象が起きていることを伝えている（「米高賃金、震源はアマゾン」２０２２年3月2日付）。

ところで、ウォルマートの粗利益はアマゾンのようには増加していない。最近の事業年度では3・5%しか増えていない。だから、給与は3・5%しか引き上げられない。これが、アマゾンとウォルマートの大きな違いだ。

日本では、情報通信業でも企業の付加価値が増加していない

「アマゾン効果」がいわれるのは、一般労働者の賃金についてだ。これとは別に、高度なエンジニアの賃金も上がっている。これは、IT巨大企業の収益が急成長していることの、直接の結果だ。

本章の1節で見たように、アマゾンが従業員基本給の上限を、これまでの16万ドル（約1856万円）から35・1万ドル（約4072万円）に引き上げて、話題になった（1ドル＝116円で換算）。優秀なエンジニアの争奪戦が激しく、こうした大幅な給与増を行わないと、引き抜かれてしまうためだ。

付加価値（粗利益）が急増しているのは、アマゾンだけではない。グーグルの付加価値は、この1年間で、1・5倍に増えた。だから、原理的にいえば、50%の給与引き上げが可能になる。

一般労働者の需給逼迫は、一時的なものである可能性が高い。また、エネルギー関連価格の高騰による物価上昇も、いずれは収まるだろう（ウクライナ情勢緊迫化のために、見通しが不明確になった面はあるが）。

しかし、巨大ＩＴ企業の高成長と高度専門家の賃金上昇は継続するだろう。

残念ながら、日本ではこうした現象は起きない。最も大きな理由は、日本では、企業の付加価値が増加していないことだ。

法人企業統計調査を見ると、全産業平均で増えていないだけでなく、アメリカのＩＴ産業に対応するはずの情報通信業でも増えていない。だから、日本では、企業が高い賃金を提供できない。

そして、自発的離職が増えているわけでもない。また、日本でｅコマースは、アメリカほどには急成長していない。急激な賃金の上昇は、多分にアメリカに特有の現象だ。

4　「日本全体の約4分の3」の経済力を持つシリコンバレー

シリコンバレー企業の時価総額は「旧東証一部企業の4分の3」

シリコンバレーは、アメリカ、カリフォルニア州、サンフランシスコの南40キロくらいのところに広がる地帯だ。

ここに、アップル、グーグル、メタ（旧フェイスブック）が本社を構えている。また、シスコシステムズや、半導体設計のエヌビディアの本社もある。

これらの企業の時価総額の合計は、4・36兆ドルになる。1ドル＝118円で換算すると、514・5兆円だ。

一方、東証の旧一部上場企業の時価総額は、709兆円である（2022年3月末）。だから、シリコンバレー企業の時価総額は、この72・7％ということになる。つまり、この地域の経済力は、日本全体の約4分の3にあたると考えることができる。ここは、まさしく「新しい世界の中心地」なのだ。

アップル・スペースシップ：巨大な宇宙船の降臨

シリコンバレーという名を知らない人は、多分いないだろう。しかし、そこを訪れた人は、そんなに多くはないと思う。「よく知られているが、訪れた人は少ない」というのは、僻地の観光地ではよくあることだ。しかし、経済活動の中心地ではあまりない。

こうなってしまうのは、シリコンバレーが大都会ではないからだ。

そこで、シリコンバレーを、グーグルマップで見てみよう。ストリートビューで歩くにはあまりに広すぎるので、航空写真で見るのがよい（ＱＲコードで本書のサポートページを開いて、ご覧いただきたい）。

アップルの新しい本社ビル Apple Campus 2 は、まるで、巨大な宇宙船が地球に舞い降りたようだ。実際、これは、「アップル・スペースシップ」と呼ばれている。

この建物は、直径が約４９０メートル。ワシントンにある国防総省のビル、ペンタゴンよりも大きい。東京ドーム約６個分のサイズ、収容人数は約１万４０００人。建物に囲まれたアップルパークは、森のようだ。画像

本書サポートページへのQRコード

このQRコードで本書のサポートページが開けます。
シリコンバレーの「いま」がどうなっているかを実感できます。

を拡大してみると、それを実感できる。

このようなビルを建設できる企業は、世界中にアップルしかないだろう。同社の時価総額が世界トップクラスであることが、このビルを見ていると納得できる。

グーグルプレックスはグーグルの本社だ。ここには、オフィスの他、公園、世界中の料理を提供する無料の社員食堂、フィットネスジムやサウナなどもある。「ブティックホテル」を意識し、「街の広場」のような雰囲気となるよう設計したといわれる。

メタ（旧フェイスブック）の本社は、大学のように、「キャンパス」と呼ばれている。キャンパスの周りは、サンフランシスコ湾沿いの湿地帯。近くに店はなく、パロアルトのダウンタウンからは、車でかなりドライブしなければならない。

そこで、レストランはもちろんのこと、それ以外の店もこのキャンパス内にある。つまり、ここは、フェイスブックの本社というより、一つの町になっている。誰でも入ることができるので、観光客もかなりいる。YouTube にある動画を見ると、説明されない限り、観光地の町だと思うだろう。

スタンフォード大学の敷地は、山手線内側の半分

アメリカIT革命は、スタンフォード大学が中心になって作り出した。実際、シリコンバレーとは、スタンフォード大学を中心に広がった地域である。

サンフランシスコとシリコンバレーは、高速道路280号線がつないでいる。「バレー」というが、渓谷地ではない。サンフランシスコ湾に面した平地で、遠くに山が見える程度だ。

280号線は「世界で一番美しい高速道路」といわれる。沿線には、湖など美しい自然が広がる。スタンフォード大学の近くまで来ると、東の丘陵の上に、電波望遠鏡のパラボラアンテナが見える。

スタンフォード大学のキャンパスの面積は、約33平方キロメートル。これは、山手線の内側の面積63平方キロメートルの約半分だ。ただし、大部分は原野だ。

スタンフォード大学の中心部で、写真中央に見える卵形のサークルから南に進むと、パロアルトのダウンタウンになる。

左に進むと、「サンドヒルロード」がある。これに沿った「オーククリークアパートメント」に私は1年間住んでいたことがある。敷地内にプールが見える。ストックファームロードから、「ディッシュ」のある丘に登り、歩いて戻ってくると、1時間くらいになる。

スタンフォード大学の創設者リーランド・スタンフォードは、カリフォルニア・ゴールドラッシュのときにカリフォルニアにやって来た「フォーティーナイナーズ」の一人だ。大陸横断鉄道の建設で成功し、巨万の富を築いた。それを元手にスタンフォード大学を創設した。

それから150年経って、その大学が第2のゴールドラッシュを作り出した。それが、IT革命に他ならない。

2つのゴールドラッシュは、この大学を通じて、見事につながっている。ディッシュエリアを歩いていると、人間の強い意志が何を作り出せるかを、ひしひしと感じる。

第1章のまとめ

1 アメリカ先端IT企業のトップクラス技術者の年収は1億円近い。経営者だけでなく、高度専門家の年収が高いのがアメリカの特徴だ。

これが可能になるのは、企業が高度専門家の貢献を評価するからだ。また、付加価値生産性のきわめて高い企業が生まれたからだ。

2 アメリカでは、情報処理産業の給与が一般に高い。日本とは隔絶的な差がある。

3 アメリカで賃金が上昇している。一般労働者については、一時的な労働需給逼迫の影響が大きい。ただ、それだけでなく、企業の業績が急拡大している影響もある。「アマゾン効果」と呼ばれる現象も無視できない。この現象は、高度専門家については、より明確な形で生じている。

4 シリコンバレーにある巨大IT企業は、われわれの常識を遥かに超える存在だ。時価総額もすごいが、本社の様子も想像を絶する。

第2章

これでいいのか日本
いまや韓国より低賃金

1　韓国の賃金は日本より高い

日本の賃金水準は「他の先進国の5～8割程度」

第1章では、アメリカの賃金が著しい高さになっていることを見た。では、他の国はどうか？

ＯＥＣＤが加盟国の平均賃金（Average annual wages）を公表している。いくつかの国について2020年の数字を示すと、つぎのとおりだ（2021年基準実質値、2021年基準実質ドル・レート）。

日本3万8194、韓国4万4547、アメリカ7万2807、ドイツ5万6015、フランス4万6465、イギリス4万8718、イタリア3万8686。

人口が少ない国を見ると、スイス6万6035、オランダ6万1082、ノルウェー5万7048、アイルランド5万382、スウェーデン4万8206。

日本の平均賃金は、ここに挙げたどの国より低くなっている。トップのアメリカと比べると、52・5％でしかない。大雑把にいえば、「日本の水準は先進国の5割から8割程度」ということになる。

平均賃金が20年間上昇していないという大問題

日本の賃金についてのもう一つの問題は、「上昇率が低い」ことだ。

それを見るために2000年における各国の値を示すと、つぎのとおりだ（単位はドル）。日本3万8168、韓国3万326、アメリカ5万7499、ドイツ4万7711、フランス4万76、イギリス4万0689、イタリア4万35。

これと2020年の数字を比較すると、イタリアの数字は低下しているが、他の国は著しい上昇になっている。それに対して、日本は、この20年間に、ほとんど横ばいだ。

このため、2000年には日本より低かった韓国に抜かれてしまった。その他の国との乖離も拡大している。**日本の国際的な地位は、この20年間で低下した**ことになる。

こうした現状を見ると、「令和版所得倍増計画」によって先進国並みになりたいと考えるのは、日本人にとってごく自然な欲求だ。

しかし、このままでは、先進国の賃金水準はさらに高くなってしまい、差はますます開いてしまう。賃金が高い先進国にキャッチアップするためには、成長率が先進国より高くなることがどうしても必要だ。

それを実現するには何をしなければならないかを、考える必要がある。そのためには、なぜこうした状況になってしまったのかを、考える必要がある。

2　一人あたりＧＤＰでも韓国や台湾が日本を抜きそう

豊かさの指標・一人あたりＧＤＰが示す衝撃の事実

１節で見たのは平均賃金である。では、一人あたりＧＤＰではどうか？

２０２２年になってからの急激な円安のため、日本の国際的地位が大きく低下している。１ドル＝１３０円台になると、日本の一人あたりＧＤＰが、韓国やイタリアに抜かれる可能性が高い。

まず韓国との関係を見よう。２０２１年においては、日本の一人あたりＧＤＰは４万７０４ドルで、韓国３万５１９６ドルより15・6％ほど高かった（図表２－１参照）。

ところが、２０２２年になって円安が進んだ結果、この状況が大きく変わっている。22年４月中旬のレートで計算すると、韓国との差は７・２％と、大幅に縮まっている。

図表2-1　一人あたりGDP

（単位：ドル）

	2021年	2022年	
		1ドル124.5円	1ドル135円
日本	40,704	36,664	34,073
韓国	35,196	34,189	
台湾	33,402	33,621	
イタリア	35,585	34,356	
フランス	45,028	43,163	

（出所）IMFの資料より著者作成

円安がさらに進んで1ドル１３５円になり、ウォンのレートが変わらないとすれば、日本の一人あたりＧＤＰは、韓国より低くなる。

１節で述べたように、賃金では、日本はすでに韓国に抜かれている。それだけでなく、「豊かさを示す最も基本的な指標」である一人あたりＧＤＰでも抜かれることになるのだ。

台湾との間でも、似たことが起こる。

２０２１年においては、日本の一人あたりＧＤＰは、台湾より21・9％ほど高かった。22年4月中旬のレートでは、この値が9・1％になった。１ドル１３５円になれば、台湾の値は日本とあまり変わらなくなる。

このように、日本が韓国や台湾よりも貧しくなるという事態は、十分あり得ることなのだ。

G7で日本が最も貧しい国に

G7（先進7カ国財務相・中央銀行総裁会議）の中ではどうか？

2021年では、最下位はイタリアで、日本はこれより14・4％高かった。ところが、22年4月のレートでは、この値が6・7％になった。1ドル135円になれば、イタリアのほうが高くなる。

すると、日本はG7の中で、最も貧しい国になる。G7は先進国の集まりということになっている。日本がそこにとどまれるかどうかの議論が出てきたとき、日本はどう反論すればよいのだろうか？

アベノミクスの円安政策が日本を没落させた

アベノミクスが始まる直前の2012年、日本の一人あたりGDPは、アメリカとほとんど変わらなかった。そして、韓国は日本の51・8％、台湾は43・2％でしかなかった（図表2－2参照）。

それから10年経って、前記のように、この関係は大きく変わったのだ。アメリカの一人あたりGDPは、日本の1・73倍になった。そして、すでに見たように、韓国と台湾の一人

図表2-2　一人あたりGDPの推移

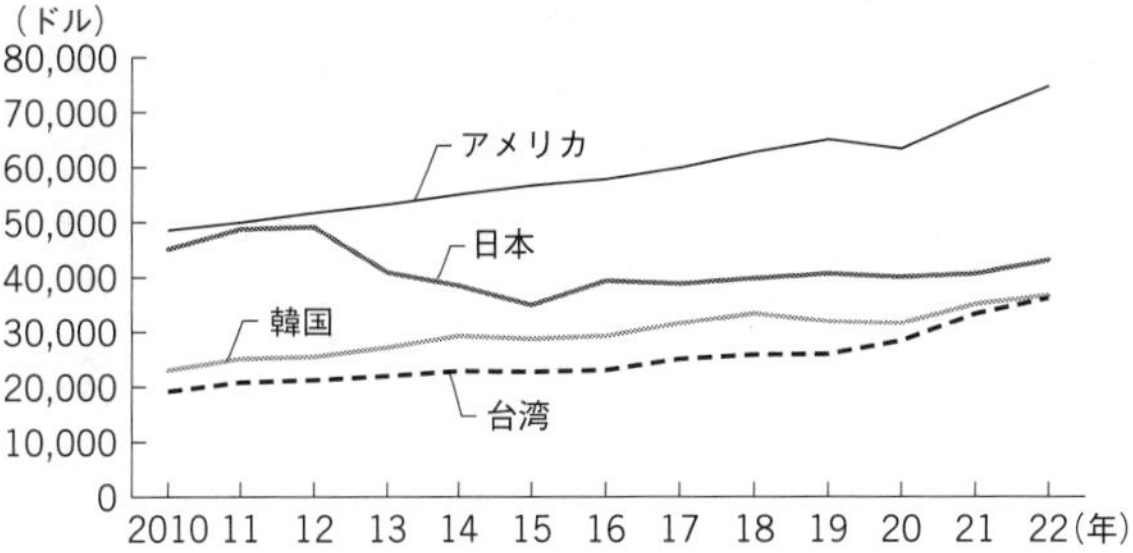

（出所）IMFの資料より著者作成

あたりＧＤＰが、日本とほぼ同じになっている。

アベノミクスがもたらしたものが何であったかを、これほど明確に示しているものはない。

企業の時価総額世界ランキングでも、日本のトップであるトヨタ自動車（第41位、２２８６億ドル）より、台湾の半導体製造会社ＴＳＭＣ（第10位、５０５３億ドル）や、韓国のサムスン（第18位、３７０６億ドル）が、いまや上位にある（２０２２年４月13日現在）。

日本の凋落ぶりは明白だ。

3　このまま購買力が低下すれば、日本人はどうなる？

円の実質実効レートは固定為替レート時代に逆戻り

国際比較をする場合、異なる通貨表示のデータをどのように換算するかが重要な問題になる。

最も分かりやすいのは、その時点の市場為替レートで換算することだ。ただし、これでは、各国での物価上昇率の違いによって生じる購買力の変化を見ることができない。

そこで、購買力の変化を見るために、「実質実効為替レート」という指標が用いられる。ＢＩＳ（国際決済銀行）が２０２２年２月に発表した22年1月時点の円の実質実効為替レート（２０１０年＝１００）は、67・３７となり、１９７２年６月（67・４９）以来の円安水準となった。

２０２２年1月の市場レートは、1ドル＝１１５円程度であった。ところが、その後、さらに円安が進んだ。そして3月には65・２６となった。

これは、１９７２年1月の65・０３と同程度の水準だ。

この頃、私はアメリカに留学していた。日本での給与が月2万3000円だったのに対して、大学の周辺にあるアパートは、最も安いところで賃料が月100ドル、つまり3万6000円だった。

日本円の購買力が低いと、いかに惨めな生活を余儀なくされるか。それを身をもって体験させられた。いまの日本円の購買力が、そのときと同じ水準まで下がってしまったのだということに、改めて驚かざるを得ない。

為替レートの影響を除去しても、日本の賃金は下落

OECDの賃金統計では、国ごとに、つぎの3種類の指標が示されている。

第1は、自国通貨建ての名目値。

第2は、自国通貨建ての実質値（2020年基準）。

第3は、2020年を基準とする実質値を、2020年を基準とする購買力平価で評価した値。

本章の1節で紹介した各国の値は、第3の指標のものだ。ここでは、為替レート変動の直接的な影響は取り除かれている。

したがって、本章の最初で見た日本の相対的地位の低下は、為替レートが円安になったことの直接的な結果ではない。

日本のビッグマックはついに中国よりも安くなった

英誌『エコノミスト』が「ビッグマック指数」を発表している。これは、前々項で見た実質実効為替レートと同じようなもので、各国通貨の購買力を表している（数字が低いほど、購買力が低い）。

2022年2月に『エコノミスト』誌から発表された数字では、日本は中国に抜かれてしまった。ポーランドにも抜かれた。いまや日本より下位にあるのは、ペルー、パキスタン、レバノン、ベトナムなどといった国だ。

「ビッグマック指数」とは、正確にいうと、「『ビッグマック価格がアメリカと等しくなる為替レート』に比べて、現実の為替レートがどれだけ安くなっているか？」を示すものだ。しかし、これは、分かりにくい概念だ。

この指数よりも、「ある国のビッグマックが自国通貨建てではいくらか」を見るほうが、直感的に分かりやすい。

２０２２年２月時点での値を実際に計算してみると、つぎのようになる。

日本は３９０・２円だが、１位のスイスは８０４円であり、猛烈に高い。３位のアメリカは６６９・３円で、かなり高い。

韓国の４３９・７円も、日本よりずいぶん高いと感じる。そして、中国が４４１・７円だ。21年6月には日本より安かったのだが、ついに中国の価格が日本より高くなってしまった。

いまや、中国人や韓国人が日本に来ると、「物価が安い国だ」と感じることになる。

以上で述べたことに対して、「物価が安いのは、むしろ良いことではないか」という意見があるかもしれない。「外国に旅行すれば確かに貧しいと感じるかもしれないが、日本にいる限り問題はないだろう」という考えだ。

しかし、そうではない。ビッグマックの価格を問題としているのは、それがその国の賃金と関連しているからだ。**ビッグマックが安い国は、賃金も安い場合が多い**のである。だから、以上で述べたのは、「日本人の安い賃金では、外国の高いものを買えない」ということなのだ。

iPhoneをなぜ「高い」と感じるようになったのか?

ビッグマックの場合には、日本人はわざわざ外国の高いビッグマックを買う必要はない。日本で売られている安いビッグマックを買えばよい。

しかし、日本で生産されていないために外国から輸入しなければならないものも多い。こうしたものについては、高いものを買わなくてはならない。

それを印象的な形で示しているのが、iPhoneだ。2021年9月に発表されたiPhone13には、15万円以上のものもある。ずいぶん高いと感じる。

原油も同じだ。日本は輸入せざるを得ないから、iPhoneと同じことで、高い価格であっても買わなければならない。最近のようにドル建ての原油価格が上昇すると、その影響を、アメリカ人よりも韓国人よりも、そして中国人よりも、日本人が数段強く受けることになる。

われわれは、いまiPhoneを「ずいぶん高い」と感じる。しかし、こう感じるのは、昔からのことではない。しばらく前まで、さほど高いとは感じなかった。実際、日本円でのiPhoneの価格は、この10年で約3倍に上昇しているのである。

iPhoneだけでない。10年前には、日本人は、一般に外国のものを安いと感じていた。もう一度ビッグマックに戻って、2012年2月の数字を見ると、つぎのとおりだ。

日本のビッグマック指数はマイナス0・9だった。円表示のビッグマックの価格で見ると、日本が320・2円だったのに対して、アメリカが323・1円だった。このように、ほとんど差がなかった。韓国は245・9円で、日本よりだいぶ安かった。中国は187・7円と、日本の6割にもならなかった。

この頃であれば、日本人は、韓国に旅行して買い物を楽しむことができただろう。中国に行けば、もっと安いと感じたはずだ。しかし、いまや、それはできなくなってしまった。

2節で、賃金や一人あたりGDPで日本の地位が下がったのはアベノミクスの期間だったと述べた。ここで述べた変化も、アベノミクスの期間に起きた。

日本で賃金が上がらず、外国では上がったので、本来であれば為替レートが円高になって、これを調整すべきだった。ところが、異次元金融緩和が導入されて円安が進んだため、日本人の購買力が低下してしまったのである。

4　給与面から解剖する「ロシア軍の正体」

実は弱かったロシア軍

ウクライナに侵攻したロシア軍が苦戦している。多数の将兵が死亡したといわれる。2022年4月13日には、黒海艦隊の旗艦「モスクワ」が沈没した。ロシア側は認めていないが、ウクライナ軍のミサイルによって撃沈されたことは、間違いない。旗艦がかくもあっさりと葬られてしまうとは、誠に面目ないことだ。

多くの人が、ロシアはアメリカに次ぐ世界第2の軍事強国だと思っていた。しかし、その実態はイメージとだいぶ離れていることが分かった。

ロシア軍はなぜ弱いのか？　その理由を、給与の面から探ってみよう。

これによって、「給与が下がり続けると何が起こるか？」を知ることができる。これまで見たように賃金が停滞している日本にとって、これは他人事ではない。

ロシアの軍事費は、世界第4位だ。しかし、GDPに対する軍事費の比率を見ると、図表

図表2-3　GDPに占める軍事費の比率（2020年）

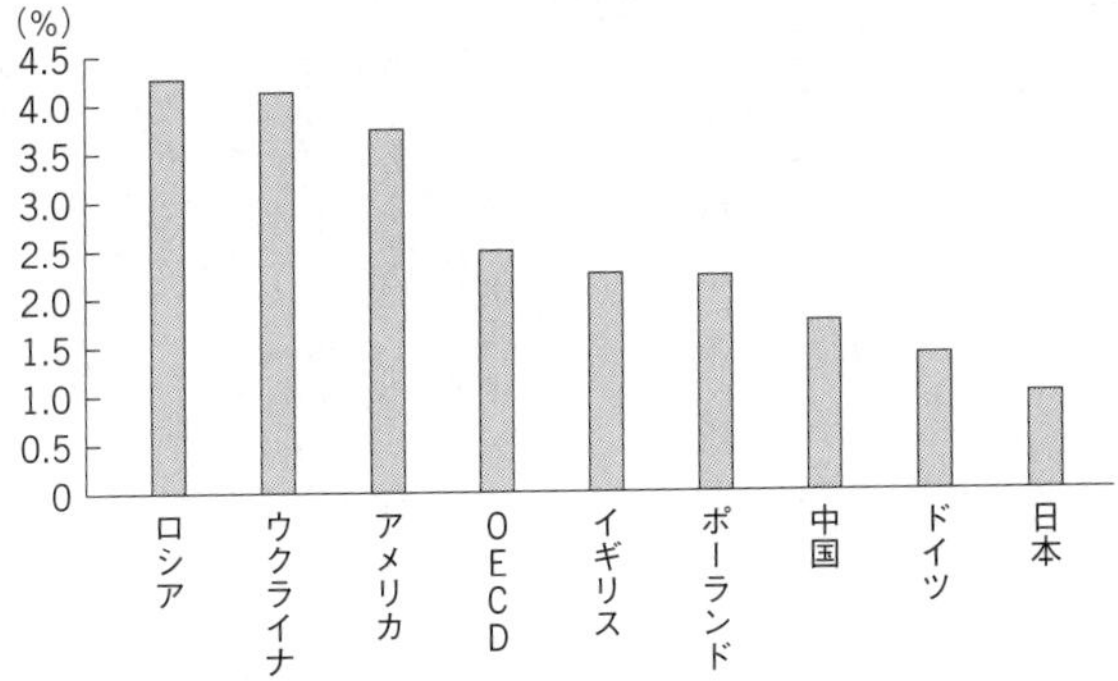

（出所）世界銀行のデータより著者作成

2－3のとおり、ロシアは他国に比べて、圧倒的に高い（2020年。世界銀行のデータによる）。ロシアは4・3％であり、イスラエルとヨルダンを除けば世界一。異常な高さだ。このように、ロシアでは、多大な資源が軍という非生産的な目的に使われている。

言うまでもないことだが、軍事活動は、何の経済的価値も生み出さない。だから、そのウエイトが高いことは、経済にとって大きな負担になる。

ロシアは先進国の仲間には入らない貧しい国だ。その基本的な理由がここにある。

軍人の給料が高くないから、優秀な人材が集まらない

ロシアは、軍事費のウエイトが大きいだけではない。給与の面で、軍の位置が、それほど高くはないのだ。

salary explorer というウエブサイトによると、ロシア軍将校の給与は、最低では次に挙げる兵士の給与とあまり変わりなく、最高で30万ルーブルだ。他方で、ユニセフのデータによると、2021年におけるロシアの平均給与は、月額5・5万ルーブル程度である。だから、給与の点から見て、ロシア軍の将校になるのは格別魅力的なこととは思えない。

ソ連の時代には、軍の給与を民間と比較するというようなことはなかった。しかし、いまは違う。民間企業と競合できる給与を支払えなければ、優秀な人材を獲得できない。

民間企業と違って軍の場合には、解雇されないというメリットがあるといわれるかもしれない。しかし、「軍は無用の長物だ」との考えが国民の間で広がれば、軍縮が行われ、人員整理が行われても不思議ではない。

ロシアに限らずいえることだが、軍は、社会に向かって、国防の必要性と軍の必要性を認識させ続ける必要がある。そのため、安全保障上の危機を自ら作り出す傾向がある。

今回のウクライナ侵攻が、プーチン大統領の独断的な決定によるのか、あるいは軍の意向

によるのかは知るべくもないが、軍の好戦派が影響を与えた可能性は否定できない。

月給わずか1780円の兵士もいる

右に述べたのは将校の給与である。兵士の給与はもっと低い。最低レベルは、月給約3万ルーブルだ。これは、ロシアの平均給与の半分程度でしかない。

徴兵の場合にはもっと低い。徴兵されれば、民間企業で働く機会を強制的に奪われることになる。だから、もともと徴兵されることに対する不満は強いはずだ。そのうえ給与が低ければ、不満はより強まる。

徴兵された兵士は戦闘の前線には送られないこととされているのだが、ウクライナ侵攻軍の中にかなりいるのではないかとの報道がある。

ニュースサイト *EU Today* は、ロシア軍の給与について、正規兵の月給は6・2万ルーブル、徴兵された兵士の月給は2000ルーブルだと報道した（Russian Military Pay: Does Size Matter ?）。

2000ルーブルとは、1780円だ。

月給1780円では、戦意も湧くまい。

殺されて1万2000円か、生き延びて530万円か

「戦意は給与によって左右されるようなものではない」といわれるかもしれない。

確かにそのとおりだ。しかし、ウクライナ侵攻での戦死者の家族にロシア政府から出される弔慰《ちょうい》金は、きわめてわずかだといわれている。真偽のほどは確認できないのだが、戦死者一人あたり日本円換算で1万2000円との情報がSNSで飛び交っている。

他方、これも真偽のほどは確認できないのだが、武器を捨てて投降したロシア兵に日本円換算で530万円を給付すると、ウクライナ国防相が言明したという情報もある。

これらの情報の真偽とは別に、こうしたことは、実際に起こり得る。ウクライナには世界中の同情が集まっているから、多額の寄付が集まるだろう。それを原資として、ロシア兵士に投降を促すことを始めたら、実際にロシア兵は投降するかもしれない。

もちろん、戦場での投降は、容易なことではないだろう。国にいる家族のことも心配だ。しかし、殺されて1万2000円を受け取るか、生き延びて530万円を受け取るかという選択肢を示されたら、合理的な人なら後者を選択するだろう。

第二次世界大戦の対独戦で、ソ連の兵士は、家族をナチに虐殺された復讐心に燃えて戦った。しかし、今回のウクライナ侵攻では、大義名分が全くない。

いくら政府がプロパガンダを流しても、真実は隠しおおせまい。大義のない戦争で国に忠誠を誓うより、経済的合理性が優先してしまうのも当然のことだ。

では、ロシア軍が給与を引き上げて、兵の士気を高めたらよいのだろうか？

しかし、給与を引き上げようにも、上げようがない。なぜなら、軍隊の規模が大きすぎるからだ。ロシア軍の人員101万人がロシアの労働人口6964万人に占める比率は、1・5％だ。日本では、労働力人口6860万人のうち、自衛官の現員23・3万人は、0・3％にすぎない。

先のように給与のデータをいちいち示さなくても、このように過大な規模の軍隊を維持し、しかも、軍人の給料を引き上げることが不可能であることは、すぐに分かる。

ロシアは国力に比べてあまりに巨大な軍隊を抱えているために、悪循環に陥っているのだ。

ロシアの一人あたりGDPはマレーシアと同じくらい

世界第2の軍事大国というイメージや、宇宙開発を積極的に行っていることなどから、ロシアの経済力は強いと錯覚してしまう人が多い。しかし、実際には、ロシアは、多くの日本人が想像しているよりずっと貧しい国だ。

百聞は一見にしかず。グーグル・ストリートビューで歩いてみると、よく分かる。どんな都市に行っても、都心部には立派な建物が並んでいるが、そこから離れると、驚くほどの貧しい町並みになる。

例えば、シベリア鉄道の終点ハバロフスク中央駅は、壮大な建物だ。しかし、一歩裏に回ると、道路は水溜まりだらけで、掘っ立て小屋のような家もある。周りを歩いてみると、道が舗装されていないところや、ゴミが収集されずに積み上げられているところもある。

キャサリン・メリデール『イワンの戦争』（白水社、2012年）は、第二次世界大戦の独ソ戦を描いたものだ。ドイツ軍を押し戻して西方に進撃するソ連軍が国境を越えると、美しい白い家並みが連なっている。それを見てイワン（ソ連軍兵士の代名詞）は泣く。「戦いに勝ったところで、これほどの豊かさは絶対に手に入らない」と知っているからだ。この場面はとても印象的だ。そして、これは、いまでも変わらないことなのだ。

ロシアの貧しさは、統計でも確認できる。一人あたりGDPは、2020年で約1万ドルだ。これは日本の約4分の1で、マレーシアと同じくらいである（図表2－4参照）。エストニア、チェコ、ハンガリー、ポーランドなどは、ロシアより遥かに豊かだ。

図表2-4　一人あたりGDP（2020年）

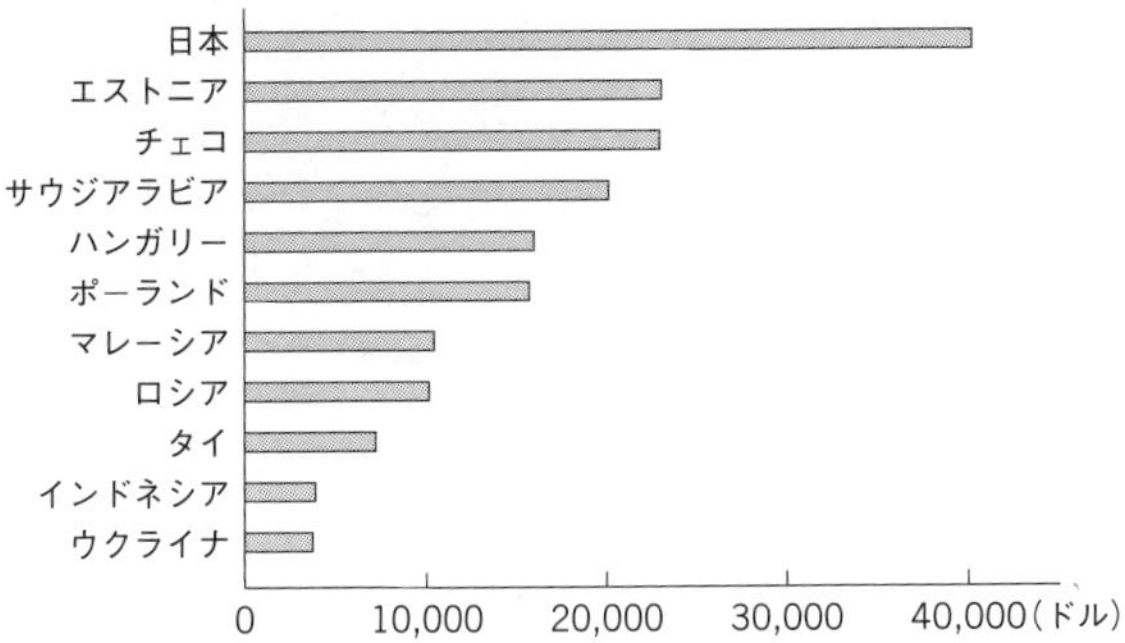

（出所）世界銀行のデータより著者作成

ＩＭＦ（国際通貨基金）は世界で40カ国・地域を先進国としているが、ロシアはその中に入らない（なお、ウクライナはもっと貧しく、インドネシアと同じくらいだ）。

それにもかかわらず、ロシアは軍事力増強に多大の資源を投入している。だから、国民の生活はこの数字で見るよりもっと貧しくなる。

ロシアの町並みが右に見たような状態になってしまうのは、当然のことなのだ。

クリミア編入後に、ＧＤＰが大きく下落

ロシア経済の問題は、一人あたりＧＤＰの水準が低いだけでなく、低下していることだ。図表２－５で見るように、２０１３年には１万６０００ドルを超えていたが、現在はその３分の２程度で

図表2-5　一人あたりGDPの推移

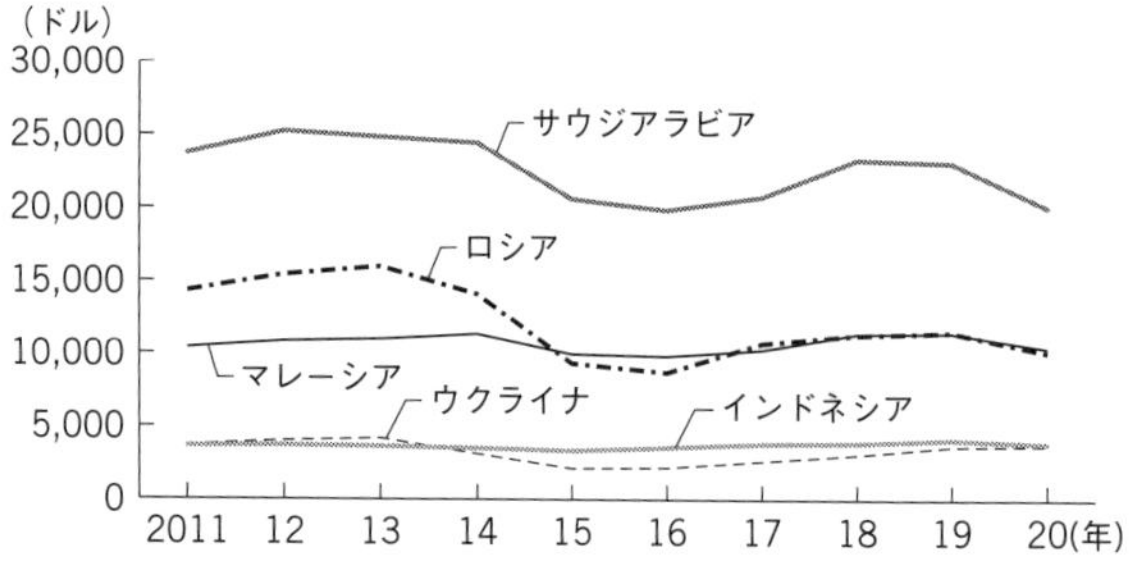

（出所）世界銀行のデータより著者作成

しかない。

こうなったのは、ロシアの通貨ルーブルが減価したことによる（２０１３年までは1ドル＝30ルーブル程度であったものが、15年には1ドル＝70ルーブル程度になった）。ルーブルの減価は、それまで１バレル１００ドル程度だった原油価格が、15年頃に50ドル程度にまで下落したことによる。

ただ、それだけでない。２０１４年3月のロシアによるクリミア編入を機に、欧米諸国によって経済制裁が実施されたことの影響も大きいだろう。

事実、原油価格は、２０１８年には1バレル70ドル程度まで戻ったのに、ロシア経済は回復していない。また、図表2－5に示すように、13年頃からの一人あたりＧＤＰの減少率は、同じく産油国であるサウジアラビアが約2割であるのに対して、ロシアは35％にもなる。

ロシアの貧しさを他山の石に

ロシアが貧しいのは、高い付加価値を生み出す産業が存在しないからだ。ロシアには、他国と競争できる現代的な産業がない。

ロシアの輸出品目に目ぼしい工業製品はなく、原油・石炭、天然ガスなどの鉱物性燃料が輸出全体の半分近くを占める。それに次いで、鉄鋼（5％程度）、貴金属等（3％程度）などがある。輸入品目では、一般機械が20％程度。そして、電気機器（12％程度）、車両（10％程度）となっている。

つまり、原油などを輸出して工業製品を輸入するという形であり、先進国型とはいえない。

注目すべきは、2014年に輸出が急激に減少したことだ。これは、原油価格の下落による。14年に1バレル100ドル近くだった原油価格は、15年には約53ドルと、およそ半減した。ロシアの原油は生産コストが高く、原油価格が1バレルあたり50ドルに達しないと利益を上げることができない。

原油や天然ガスなどは、「オリガルヒ」と呼ばれる特権集団によって支配されている。だから、その利益が国民の手に渡ることはない。

日本の軍事費の比率は、ロシアのように高くはない。また、オリガルヒもいない。

しかし、**高い付加価値を生み出す産業が成長していないという点で、日本はロシアほどではないとはいえ、大同小異の状態にある。**このため、世界における地位が低下し続けている。

2022年の円の暴落ぶりは、「恐怖」としか形容しようがない。3月初めから4月半ばまでに9・1%も減価した。ロシアのルーブルは、3月には経済制裁の影響で大きく減価したが、その後増価し、4月のレートは2月とあまり変わらない。

「もって他山の石となせ」とは、こういう場合に使う言葉なのだろう。

5 日本と韓国　本当はどちらが豊かなのか

日韓どちらが豊かかは、指標によって変わる

本章では、1節で「賃金」を、2節で「一人あたりGDP」を見た。これらの指標は、「豊かさ」を表すという意味で、似通ったものだ。しかし、全く同じものではない。このため、どちらの指標で見るかによって、結果が違う場合がある。

これまでは、経済的な豊かさを表すどのような指標でも、日本は韓国より豊かだった。しかし、韓国の経済成長率が高く、日本に追いついてきたために、最近では日本と韓国が同程度の水準になってきた。このため、どの指標を見るかによって「日本と韓国のどちらが豊かなのか？」の答えが違う場合が、しばしば生じる。

賃金の国際比較で用いられている指標は、その国の平均賃金だ。しかし、賃金は、産業、年齢、性別、学歴、就業形態などによって大きく異なる。このため、どのような範囲をとるかによって、平均の値は大きく違う。

例えば、全産業、全年齢、男女計、全学歴をとったとしても、正規職員の平均と非正規職員の平均は大きく違う。

だから、「日本の平均賃金」として唯一の値があるわけではない。外国でも同じ事情だ。しかも、外国の場合は、どのような範囲での平均賃金なのかがはっきり分からない場合が多い。

賃金の国際比較には、このような問題があるので、注意が必要だ。

本章の１節で見たように、ＯＥＣＤのデータでは、韓国の賃金が日本より高くなっている。しかし、韓国のデータがどのような性格のデータなのかをはっきり理解しないと、誤った結論に導かれる危険がある。

賃金と一人あたりGDPはどこが違うのか?

賃金に前項で述べたような問題があるなら、「賃金を使わずに、一人あたりGDPを見ればよいではないか」と思われるかもしれない。なぜなら、「一人あたりGDP」は、国際的に統一された基準で計算されており、このため、同じ基準での国際比較ができるからだ。その場合に問題になるのは、いかなる為替レートを使うかという問題だけだ。

しかし、一人あたりGDPと賃金は、違う内容の指標である。だから、賃金のデータを見ることが必要になる場合もある。

では、一人あたりGDPと賃金はどこが違うのか?

GDPを分配面から見ると、賃金・報酬、雇用主社会保障負担（この2つの合計を「雇用者報酬」という）、営業余剰、資産所得、混合所得からなる。このように、GDPの中には、賃金に分配されるもの以外のものが含まれている。さらに、誰の所得にもならない「固定資本減耗」という項目がある。これらがどのくらいの比率になっているかによって、GDPが同じでも、賃金支払い総額は異なり得る。こうしたことがあるので、一人あたりGDPとは別に、賃金のデータを見ることに意味があるのだ。

すでに見たように、一人あたりGDPでは、日本は韓国や台湾よりも高い数字だ。これは、なぜだろうか？

日本の場合には、賃金に対する分配率が低いからかもしれない。あるいは、減価償却の比率が大きいからかもしれない。あるいは、それ以外の理由があるかもしれない（とくに、本章の6節で取り上げる問題は重要だ）。

生産性と一人あたりGDPの違い

「生産性」とは、労働者一人あたり（あるいは労働時間あたり）のGDPだ。

生産性と一人あたりGDPでは、分子はどちらもGDPで同じだ。違いは分母だけである。一人あたりGDPでは「人口」が、それに対して生産性では、「就業者」が分母になっている（図表２－６参照）。

生産性の分子であるGDPには、営業余剰などが入っているから、労働者家計の生活状態を表しているとはいえない。

生産性についても、OECDの数字がある。日本の値は、OECD加盟国中でかなり低く、韓国より低い（ただし、OECDの生産性

図表2-6　生産性と一人あたりGDP

$$生産性 = \frac{GDP}{就業者}$$

$$一人あたり GDP = \frac{GDP}{人口}$$

データは、2010年基準の購買力平価による実質値なので、注意が必要だ）。

パートタイマーを考慮する必要

国民全体の中でより少ない比率の人がより高い賃金で働けば、人口一人あたりのGDPは低くなることがある。

では、これによって、「一人あたりGDPでは日本のほうが高いが、平均賃金では韓国が高い」ことを説明できるだろうか？

2019年の労働力率を見ると、男性は日本が71・4％で韓国が73・6％と、韓国が高い。そして男女計では、日本が62・1％、韓国が63・6％で、韓国のほうが高い。また、女性も、日本が53・3％で韓国が53・9％と、韓国がやや高い。

だから、右に述べたこととは別の説明が必要だ。それは、日本の場合にパートタイム労働が多いことを考慮した説明である。これについて、次節で見る。

6　パートタイム労働者の扱いが重要

就業形態で大きく違う賃金

本章の5節で説明したように、通常、賃金は平均賃金で示されるが、ある国の平均賃金として、唯一の正しい値があるわけではない。なぜなら、どの範囲の平均値をとるかによって、平均賃金の値は大きく異なるからだ。

とくに大きな違いをもたらすのが、就業形態の違いだ。正規（フルタイム）労働者だけをとるのか、それとも非正規（パートタイム）労働者をも含めた平均をとるのかによって、大きな差が生じる。

「毎月勤労統計調査（令和3年分結果確報）」によると、2021年における現金給与総額（月額）は、一般労働者が41万9500円、パートタイム労働者が9万9532円だ（調査産業計、事業所規模5人以上）。

この差は、一見したところ、大変大きい。しかし、パートタイム就業者の労働時間は短いので、その影響を考慮する必要がある。

毎月勤労統計調査によると、月間労働時間は、一般労働者では162・1時間だ。しかし、パートタイム労働者は78・8時間と、一般労働者の49・4％にすぎない。そして、一般労働者が雇用者総数の68・72％、パートタイム労働者が31・28％を占める。これを考慮しないと、格差を過大に評価することとなる。

同様の問題は、他国にもある。だから、単純に賃金総額を就業者数で割った数字では、適切な国際比較ができない。

このように、賃金の国際比較は決して簡単なことではない。意味がはっきり理解されていない数字が、ひとり歩きしている可能性が高い。

日本ではパートタイム労働者の比率が高い

日本で賃金が上昇しない一つの理由として、パートタイム労働者の増加が考えられる。

パートタイム労働者はフルタイム労働者より労働時間が短いため、パートタイム労働者の比率が高まれば、全体の平均賃金は上昇しないことになる。そして、日本では、諸外国に比べてパートタイム労働者の比率が高く、その増加率も高い。そのために、平均賃金が伸びないのだと考えられる。

ＯＥＣＤの賃金統計では、労働者数をＦＴＥ（full-time equivalent：フルタイム当量）と呼ばれる考えで測定している。これは、つぎのような方法だ。

例えば、パートタイム労働者がフルタイムの半分の時間しか働いていないとしよう。その場合には、パートタイム労働者を一人とはカウントせず、０・５人とカウントしようというものだ。

もう少し正確にいえば、つぎのとおりだ。いま、就業者の総数をｎとし、フルタイム就業者の比率をｆとしよう。すると、フルタイム就業者数とパートタイム就業者数は、それぞれ、nfとn(1－f)だ。また、労働時間は、フルタイム就業者がｔで、パートタイム就業者がｓであるとする。

この場合、ＦＴＥベースの就業者数は、フルタイムがnfで、パートタイムがn(1－f)s/tだと考えるのである。この和は、n[ft+(1－f)s]/tとなる。

ここでＰを賃金総額とする。すると、ＦＴＥベースの平均賃金は、ＰをＦＴＥベースの就業者数で割ったものであり、Pt/{n[ft+(1－f)s]}になる。

日本の統計は不完全

本章5節の最初で見たOECDの3つの指標（賃金、一人あたりGDP、生産性）は、いずれも就業者数をフルタイム当量で計測している。つまり、パートタイム労働者の労働時間がフルタイム労働者の労働時間より少ないことは、すでに考慮されている。

では、本章の1節で述べた日本の地位の時系列的な低下は、何によってもたらされたのだろうか？

それは、パートタイム労働者は、単に労働時間が短いだけでなく、時間あたりの賃金もフルタイム労働者より低いことによる。

これを確認するには、時間あたりの賃金に関するデータが必要だ。しかし、OECDのデータベースには、時間あたり賃金に関するデータは、不満足な形でしか提供されていない。なお、日本国内の賃金統計は「フルタイム当量」の計算を行っていないので、以上のような問題を考えるには、不完全なものだ。

第2章のまとめ

1 日本の賃金は、先進国と比べて、水準が低いだけでなく、停滞している。2000年には日本が韓国より賃金が高かったが、いまや韓国のほうが高い。

2 一人あたりGDPでも、韓国や台湾が日本を抜く可能性がある。円安が進めば、日本は、韓国、イタリアより貧しい国になる。

3 いまや、日本は、中国より「安い国」になってしまった。この変化は、アベノミクスの期間に生じた。

4 このままでは何が問題になるかを示すのが、ウクライナを攻めあぐねているロシア軍だ。ロシア軍はなぜこんなに弱いのか？　給料が低いことが本質的な弱点だ。

5 国の豊かさを示す指標として、様々なものがある。正しく理解しないと誤った使い方になる。

6 日本の統計は時代遅れで、パートタイマーの増加への対応ができない。「フルタイム当量」（FTE）という指標で測る必要がある。

第3章

賃金を決めるのは、企業の「稼ぐ力」

1 「稼ぐ力」がものすごい企業

ゴミ捨て場に生まれて、半導体を制覇したオランダ企業

オランダにＡＳＭＬという会社がある。この会社は、オランダの企業の中で時価総額が最大だ。オランダのトップ企業はフィリップスだと思っていた人にとっては驚きだ。「そんな会社、聞いたこともない」という人が多いだろう。

実際、ＡＳＭＬは、歴史の長い企業ではない。生まれたのは１９８４年。フィリップスの一部門とASM International が出資する合弁会社として設立された。そして、フィリップスのゴミ捨て場の隣に建てたプレハブで、31人でスタートした。

現在の時価総額は２６４２・２億ドル。世界の時価総額ランキングで32位。29位のトヨタ自動車とほぼ並ぶ。時価総額は、トヨタ自動車２７４２・５億ドルとほぼ同じだ。世界第６７８位のフィリップス（２９３・５億ドル）の10倍近い（時価総額は２０２２年２月の計数。以下同様）。

ＡＳＭＬの２０２０年の売上高は１６０億ドル（約１兆８０００億円）、利益（ＥＢＩＴ：

利息及び税金控除前利益）は46・3億ドルだ。トヨタ自動車の場合には、売上が２３１３・２億ドル。利益は１６９・９億ドルだ。売上に対する利益の比率は、ＡＳＭＬが遥かに高い。

しかも、従業員数は２万８０００人しかいない（２０２０年）。トヨタ自動車（37万人）のわずか７・６％である。

ニコン、キヤノンの優位をＡＳＭＬが覆す

ＡＳＭＬは、最先端の半導体製造装置を作っている。極小回路をシリコンウエハーに印刷する極端紫外線（ＥＵＶ）リソグラフィと呼ばれる装置だ。大きさは、小型のバスくらい。

この技術は、ＡＳＭＬがほぼ独占している。年間の製造台数は50台ほどだ（２０２０年度は31台。21年は約40台、22年は約55台の見通し）。

１台あたりの平均価格が3億４０００万ドル（約３９０億円）にもなる。大型旅客機が一機１８０億円程度といわれるので、その2機分ということになる。主なクライアントは、インテル、サムスン電子、ＴＳＭＣ（台湾積体電路製造股份有限公司）などだ。

半導体露光装置は、もともとは、日本の得意分野だった。ニコンが１９８０年にはじめて

国産化し、90年にはシェアが世界一になった。キヤノンも参入し、95年頃まで、ニコンとキヤノンで世界の70〜75%のシェアを占めた。

ASMLの最初の製品も半導体露光装置だった。この時代、キヤノンやニコンは、ゴミ捨て場に誕生した会社のことなど、歯牙《しが》にもかけなかっただろう。

しかし、ニコン・キヤノンのシェアは、1990年代後半に低下していった。その半面で、90年には10%にも満たなかったASMLのシェアは、95年には14%にまで上昇し、2000年には30%になった。10年頃には、ASMLのシェアが約8割、ニコンは約2割と逆転した。

そして、キヤノンはEUV露光装置分野から撤退した。ニコンも、2010年代初頭に、EUV露光装置の開発から撤退した。

日本メーカーの「自社主義」が、「分業主義」に負けた

ASMLとニコン、キヤノンの違いは何だったのか？　それは、中核部品を外注するか、内製するかだ。

ASMLは中核部品を外注した。投影レンズと照明系はカールツァイスに、制御ステージはフィリップスに外注した。自社で担当しているのは、ソフトウエアだけだ。

製造機械なのに、なぜソフトウエアが必要なのか？ 半導体露光装置は「史上最も精密な装置」と呼ばれるほど複雑な機械であり、安定したレンズ収差と高精度のレンズ制御が重要だ。装置として完成させるには、高度にシステム化されたソフトウエアが不可欠なのだ。

自動車の組み立てのように人間が手作業で作るのではなく、ロボットが作るようなものだから、そのロボットを動かすためのソフトウエアが必要なのだと考えればよいだろう。

それに対して、ニコンは、レンズはもちろんのこと、制御ステージ、ボディー、さらにソフトウエアまで自社で生産した。外部から調達したのは、光源だけだ。

このように、ほとんどを自前で作ったため、過去の仕組みへのこだわりという問題が生じたといわれる。また、レンズをどう活用して全体の性能を上げるかよりは、どうやってレンズの性能を引き出すかが優先されるという問題が発生したともいわれる。

結局、日本型縦割り組織を反映してすべてを自社で内製化しようとする考えが、負けたのだ。

「核になる技術」を持っていたので負けた

キヤノンもニコンも、核になる技術、つまり「レンズ」を持っていた。それに対してASMLは、部品については、核になる技術を持っていない。レンズすらも外注している。他社が作っているものを、ただ寄せ集めているだけのようにさえ見える。

しかし、それにもかかわらず、売上高の3割という利益を稼ぎ出すことができる。このことは、ビジネスモデルに関する従来の考えに反するものだろう。

いままでは、「企業は核になる技術を持っていなければならず、その価値を発揮できるようなビジネスモデルを開発することが重要だ」といわれてきた。しかし、ASMLは、このルールには当てはまらない。

部品について、ASMLは製造者ではなく購入者であったため、品質評価が客観的であったといわれる。

また、多くの技術を他社に依存する必要があったため、他社と信頼関係を築く必要があった。そして、顧客であるTSMCやサムスン、インテルなどと連携して、技術と知識が蓄積された。それが成功につながったといわれる。

それに対して、技術力が高いニコンは、他社と協業するという意識が低かった。それが開発スピードを低下させ、開発コスト負担増を招いたというのだ。

現在のキヤノン、ニコンはどのような状態か?

キヤノンは、時価総額が255・9億ドル、世界第759位だ(2020年1月時点)。2007年には784億ドルだったのだが、このように減少した。ニコンは、時価総額が41・8億ドルで、世界第2593位だ。07年には126億ドルだった。

2007年には、ASMLの時価総額は126億ドル程度で、ニコンとほぼ同じ、キヤノンの6分の1だった。しかし、いまでは、キヤノンの10倍程度、ニコンの60倍程度になってしまった。こうした状態では、日本の賃金が上がらないのも、当然のことといえる。

2001年に注力すべきだったのは、デジタルカメラか、半導体製造装置か?

日本企業敗退の原因は、右に見た自社主義だけではない。もう一つは、ビジネスモデル選択の誤りだ。つまり、カメラという消費財に注力したことだ。

もし、2000年代の初めに、キヤノンやニコンがデジタルカメラに注力するのでなく、半導体製造装置に注力していたら、世界は大きく変わっていただろう。

２０１０年頃、日本では、円高などが企業にとっての「六重苦」になっているといわれた。そして、「ボリュームゾーン」を目指した戦略を展開すべきだといわれた。これは、勃興してくる新興国の中間層をターゲットに、安価な製品を大量に供給しようというものだ。ＡＳＭＬとは正反対のビジネスモデルだ。

そして、日本ではこの方向が受け入れられ、企業経営者もそれを目指した。その結果が、いまの日本の惨状なのだ。

もちろん、将来がどうなるかは分からない。半導体の微細化をさらに進めるために、三次元の回路を作ることも考えられている。そうした技術が実用化されたときに、はたしてＡＳＭＬが生き残れるかどうかは、誰にも分からない。

日本企業が再逆転してほしいが、はたしてできるだろうか？　奇跡が起こることを祈る他はない。

２　アメリカ先端ＩＴ企業の給与が高くなるメカニズム

「従業員一人あたりの付加価値」が給与水準を決める

アメリカIT企業の給与については、第1章の1節で述べた。

なぜこのように高額の給与を支払えるのだろうか？　それは、これらの企業の業績が著しく好調だからだ。そして、高い給料を支払わなければ、優秀なエンジニアを獲得できないからだ。

給与水準を決めるのは、「粗《あら》利益」である。粗利益とは、売上から売上原価を引いたものだ。「売上総利益」と呼ばれることもあるし、「付加価値」と呼ばれることもある。なぜこれが給与水準を決めるかといえば、これが賃金の原資になるからだ（注）。

粗利益を、給料と営業利益などにどのように分配するかは、労使交渉など様々な要因に影響される。しかし、分配率にあまり大きな違いはなく、ほぼ一定だ。

経済理論によれば、労働の分配率は、労働に対する生産の弾力性（労働が1％増加した場合の付加価値の増加率）に等しい。その値は、業種や規模によってあまり大きな差はなく、およそ0・5～0・6％程度だ（この理論の詳細は、第5章の3節を参照）。

だから、一人あたりの粗利益が多くなれば、給料が高くなる。少なければ低くなる（正確にいうと、右に定義したのは粗付加価値であり、これから機械や建物などの減価償却費を差し引いた純付加価値が、給与などと営業利益になる。しかし、ここでは、この差を無視する）。

第2章の5節で述べたように、従業員一人あたりの付加価値を「生産性」という。したがって、「生産性が高い企業の賃金が高い」ということになる。

（注）売上原価の中には、工場で製造に関わる人の賃金が「労務費」として含まれている場合もある。その場合には、賃金のうち、粗利益に含まれないものもあることになる。ただし、どれだけの賃金が売上原価の中に含まれているかは、統計からは分からない。

なお、「法人企業統計調査」においては、つぎのように定義されている。

付加価値額＝人件費＋支払利息等＋動産・不動産賃借料＋租税公課＋営業純益

人件費＝役員給与＋役員賞与＋従業員給与＋従業員賞与＋福利厚生費

シリコンバレーのＩＴ企業の賃金はなぜあれほど高いのか？

従業員一人あたりの粗利益を計算すれば、賃金の平均値についての目安が得られることになる。この値は、公表されている財務データから計算することができる。

図表3－1では、シリコンバレーの主要企業について計算した結果を示す（2021会計年度、連結）。

図表3-1　アメリカ先端企業の粗利益など（2021会計年度、連結）

	a	b	c	d	e	f	g
	売上高	従業員数	粗利益	一人あたり粗利益	0.6d	a/b 一人あたり売上高	c/a 売上高・付加価値比
	百万ドル	人	百万ドル	千ドル	千ドル	千ドル	（%）
アップル	365,817	100,000	152,836	1,528.36	917.02	3,658.17	42
マイクロソフト	168,088	181,000	115,856	640.09	384.05	928.66	69
グーグル	257,637	139,995	146,698	1,047.88	628.73	1,840.33	57
アマゾン	469,822	1,608,000	66,315	41.24	24.74	292.18	14
テスラ	53,823	99,290	13,606	137.03	82.22	542.08	25
エヌビディア	26,914	22,473	17,475	777.60	466.56	1,197.61	65
メタ	117,929	71,970	95,280	1,323.88	794.33	1,638.59	81

（出所）Yahoo！ファイナンスなどのデータより著者作成

ｄ欄に示すのは、従業員一人あたり粗利益だ。ｅ欄に示すのは、従業員一人あたり粗利益の６割だ。仮に粗利益の６割が給料になれば、ｅ欄の値がその企業の平均賃金を表すことになる（多くの企業について、平均賃金が粗利益の６割程度なので、こうした計算をしている。ただし、現実の給与は、粗利益以外の様々な要因に影響されるため、ここで計算した値から大きく乖離することもあり得る）。

結果を見ると、ｅ欄の値は、アップルが91・7万ドル、メタ

（フェイスブック）が79・4万ドル、グーグルが62・9万ドル、エヌビディアが46・7万ドル、マイクロソフトが38・4万ドルとなっている（エヌビディアは半導体の設計を行なう企業）。

メタの場合には、第1章の1節で見たプリンシパル・エンジニアより1、2割程度低い値になっている（アップルだけは、e欄の数字が、プリンシパル・エンジニアよりも高い値になっている）。

以上の意味において、e欄の数字は、その企業の給与水準を示す目安になると考えることができるだろう。

なお、図表３－１に示した企業のうち、テスラはＥＶで注目を浴びている企業だ。ただし、e欄の数字は、右に見たＩＴ企業よりは、だいぶ低い数字になる。

アマゾンは、従業員数が桁違いに多い。このなかには一般労働者が多いため、e欄の数字はかなり小さくなる。

賃金が上がる製造業と、上がらない製造業の違い

従業員一人あたり粗利益は、どのような要因で決まるのだろうか？

それをみるために、図表3－1では、一人あたり粗利益（d）を 一人あたり売上高（f）と、売上高に対する粗利益の比率（g）に分解した。これらのいずれかが高くなることが、一人あたり粗利益を、したがって給与を高めるための必要条件だ。

まず一人あたり売上高（f）の値を見ると、アップルが突出して高い値になっている。グーグルやメタがその半分程度だ。マイクロソフトはさらにその半分程度になっている。

参考のために日本のトヨタ自動車を見ると、64万ドル程度だ。テスラより大きいが、アップルに比べると6分の1程度でしかない。

つぎに、売上高に対する粗利益の比率（g）の値を見ると、メタが80・8％ときわめて高い値になっている。マイクロソフトやグーグル、エヌビディアも5割を超えている。アップルは42％で、これらの企業よりは低い。ただし、これは従来の製造業に比べるときわめて高い値だ。

例えば、トヨタ自動車の場合、この比率は17・8％にすぎない。トヨタ自動車は、「ジャストインタイム」や「見える化」などに示されるように、生産性が高い企業と考えられている。しかし、そうした努力を行なっても、従来型の製造業にとどまる限り、gの値を2割以上にするのは難しいのだ。

ただし、gの値が高い企業は、シリコンバレー企業にとどまらないことにも注意が必要だ。例えば、韓国のサムスン電子の場合、この値は40・5％である。台湾の半導体製造会社TSMCも、51・6％という高い値を実現している。このように従来型の製造業から脱皮した製造業の企業が登場しているのだ。

日本の賃金を高めるためには、このような新しいタイプの企業が登場することが必要だ。

3　あの会社の給料は、なぜ高いのか？　その原因を解明する

従業員年収1000万円以上の会社に見る、2つのタイプ

日本の上場企業の従業員平均年収について、ダイヤモンド・オンラインが毎年特集を出している。2021年の場合、トップはM＆Aキャピタルパートナーズで、2269・9万円だ。

一方、年収200万円台の企業もある。上場していない会社なら、年収がもっと低い会社もあるだろう。このように、企業によって、給与には非常に大きな差がある。

では、給与が高い企業は、なぜ高い給与を出せるのか？　それは、業績がよいからだ。そ

のとおりなのだが、業績とは一体なんだろうか？ どのような指標でそれを測ればよいのか？

給与水準を決めるのは、本章の2節で述べたとおり、従業員一人あたりの「粗利益」である。問題は、これが何によって決まるかだ。

これを見るために、年収リストの上位にある企業からいくつかを取り出して、様々な指標を計算すると、次ページの図表3－2のようになる（従業員数が少なくて高年収の企業は、ホールディング・カンパニーである場合が多く、以下の分析に馴染まない。そこで、ここでは、単体従業員数が500人以上の企業を対象とする。また、金融機関は会計方式が違うので、対象としない）。これを見ると、年収が1000万円を超える企業は、つぎの2つのタイプのどちらかであることが分かる。

第1は、「従業員一人あたりの売上高（e）が大きい企業」だ。これが大きくなるのは、その企業の全体としての売上高が大きいからだ。つまり、企業が巨大であるからだ。

例えば、不動産業の場合、零細不動産業者では、大規模な物件は扱えない。信用もないし、資金力もないからだ。大規模な取引は、巨大企業でなければできない。卸売業でも同様

d 給与年収 千円	e a/c 百万円	f b/a	g b/c 千円	h 0.6g 千円
16,780	155,241	0.125	19,339	11,604
14,820	179,969	0.101	18,231	10,939
12,670	118,171	0.263	31,095	18,657
17,510	64,216	0.819	52,611	31,567
11,790	93,267	0.404	37,660	22,596
8,580	73,101	0.178	12,980	7,788
10,980	66,774	0.366	24,462	14,677
10,440	82,036	0.271	22,222	13,333
8,900	23,603	0.251	5,936	3,562
8,800	21,025	0.439	9,224	5,534
8,660	25,849	0.270	6,970	4,182
8,650	28,406	0.301	8,548	5,129
8,590	46,264	0.158	7,296	4,378

（出所）Yahoo！ファイナンス、企業の決算短信、有価証券報告書等より、著者作成

の事情があるだろう。

もちろん、巨大であるだけで、大規模な取引ができるわけではない。それを遂行できる能力のある人がいることが重要だ。

ただし、巨大さが必要条件であることは事実だ。総合商社や不動産業の場合に、こうした事情が顕著に表れる。そのため、高給与の企業は、三井、三菱、住友など、旧財閥系の企業であることが多い。

なお、これらの企業の売

図表3-2　企業の付加価値、給与等（2021年3月期）

企業名	a 売上高 十億円	b 付加価値 十億円	c 従業員数 人
三菱商事	12,885	1,605	82,997
三井物産	8,010	811	44,509
三菱地所	1,208	318	10,219
キーエンス	538	441	8,380
東京エレクトロン	1,399	565	15,001
トヨタ自動車	27,215	4,832	372,286
ファナック	551	202	8,256
ソニー	8,999	2,438	109,700
日立製作所	8,729	2,195	369,829
横河電機	374	164	17,798
東芝	3,054	824	118,161
富士通	3,590	1,080	126,371
三菱重工業	3,700	583	79,974

上高・付加価値比率（f）の値は、表中の他企業に比べると低い。

年収が1000万円を超える企業の第2のタイプは、「売上に対する付加価値の比率（f）が高い企業」だ。この比率は、キーエンスがずば抜けて高く、80％を超えている。これは、同社がファブレス（工場のない製造業）だからだ。また、東京エレクトロンや、ファナック、横河電機も高い。

このタイプの企業になるには、企業規模が巨大である必要はない。事実、いま名を挙げた企業の売上高は、トヨタ自動車に比べると、ずっと少ない。トヨタ自動車は、売上高や従業員数でいえば巨大な企業だが、生産性（g）はさほど高いとはいえない。

従来型の製造業では、年収1000万円は無理

図表3－2には、高度成長期の日本経済を支えた日本を代表する企業が含まれている。トヨタ自動車は、このカテゴリーに含まれる。これらの企業では、従業員平均年収が1000万円未満だ。

これらの企業では、従業員一人あたりの売上高（e）が、さほど大きくない。また、売上高に対する粗利益の比率（f）もさほど高くない。多くは20％台、あるいはそれ以下だ。三菱重工業もトヨタ自動車も、20％未満だ。キーエンスの場合に、この比率が80％を超えているのに比べると、大きく違う。従来タイプの製造業である限り、このようなことになるのは、必然なのであろう。

卸売業や不動産業の場合とは異なり、製造業の場合、企業規模が巨大であることは、高年収に寄与しない。例えば、トヨタ自動車の売上高は三菱商事よりずっと大きいが、従業員年

収では遥かに及ばない。

製造業の企業は、画期的な新技術やビジネスモデルを開発しない限り、従業員一人あたりの年収を1000万円以上にするのは難しいだろう。

企業の規模が大きくなっても、賃金は上がらない

規模が巨大な企業は、それほど多数存在できるわけではない。各業種ごとに、日本全体で数社しか存在し得ないだろう。だから、企業サイズの巨大化によって、日本の平均給与を引き上げることはできない。

それに対して、新しいビジネスモデルや新しい技術は、いくらでも開発が可能だ。それが達成できれば、巨大さは必要でない。

だから、日本の給与水準を引き上げるには、新しいビジネスモデルや新しい技術を開発し、それによって生産性を引き上げることが必要だ。

人々が巨大さを求めるのは、安定性を求めるからであろう。しかし、その期待が裏切られることは、1990年代末の金融危機の際にはっきりしたはずである。ところが、日本人はそれから20年以上経っても、まだ巨大さに対する信仰を捨てていない。

一人あたり付加価値と年収を比較する

図表3－2のh欄には、g欄の数字（一人あたり付加価値）の6割の値を示す。これは、一人あたり付加価値の6割が賃金として支払われた場合の年収に相当するものだ。この値が、1000万円を超えているのは、実際の年収額が1000万円を超えている企業だ。つまり、総合商社、不動産会社と、キーエンス、東京エレクトロン、ファナック、ソニーだ。

なお、h欄の値と実際の有価証券報告書にある平均給与の数字（d）は一致しない。その一つの理由は、有価証券報告書にある平均給与は、報告書提出会社の単独ベースのものであることだ。それに対して、図表3－2の売上高などの数字は、連結ベースのものだ（単独では粗利益の数字が分からない場合があるため、連結の数字を用いている）。

現実の賃金は、ここで取り上げた以外の様々な要因によって影響される。その中には、個別企業に特有のものも多い。ここでは、そうした要因は考慮していない。

したがって、以上の計算は、様々な企業の財務諸表の数字と公表されている平均賃金との機械的な比較であり、賃金水準の妥当性などを評価しようとするものではない。

なお、ここでは、財務諸表の計数として、Ｙａｈｏｏ！ファイナンスのデータを用いた。必要に応じて、各企業の決算短信や有価証券報告書でチェックしている。

第3章のまとめ

1 半導体露光装置で、１９９０年代中頃まではキヤノンとニコンが世界を制覇した。しかし、その後、オランダのＡＳＭＬがシェアを伸ばし、現在では、ＥＵＶと呼ばれる半導体製造装置の生産をほぼ独占している。

2 アメリカ巨大ＩＴ企業の賃金が途方もなく高い値になるのは、従業員一人あたりの付加価値が大きいからだ。

3 会社の給与が高くなるのは、企業が巨大であるために巨額の取引ができる場合、あるいは、優れた技術やビジネスモデルを持っている場合だ。将来に向かって日本の賃金を高めるには、新しい技術やビジネスモデルの開発が不可欠だ。

第4章

あなたの給料は、日本人の平均より高いか？

1 統計で見る日本人の平均給与

日本人全体の平均年収は360万円だが……

自分の賃金が日本人の平均と比較してどのような位置にあるかは、誰でも気になるだろう。

そこで、統計を用いて、あなたの賃金が日本の平均的な賃金とどの程度違っているかを調べてみよう。なお以下に取り上げる計数は、とくに断らない限り、2020年のものだ。

まず、「賃金構造基本統計調査」（厚生労働省）を見よう。これによると、一般労働者の平均賃金は、男女計で月30・7万円だ。年収にすれば368万円になる。

賃金に関する統計はこれ以外にもある。「毎月勤労統計調査」（厚生労働省）によれば、月32・4万円だ。年収にすれば389万円になる。

「民間給与実態統計調査」（国税庁）によれば、年額で男が532万円、女が293万円だ。

「法人企業統計調査」（財務省）によれば、給与・賞与年額は370万円だ（金融機関を除く）。

賃金が、以上で紹介した統計の値よりも高い値になっている人も多いだろう。しかし、だからといって、すぐに喜べるとは限らない。なぜなら、第2章の5節で述べたように、賃金は、年齢、性別、雇用形態（正規か非正規か）によって大きく違うからだ。また、産業別・企業規模別でも大きな差がある。

このように「平均賃金」は対象の範囲によって大きく変わるので、あなたの正確な位置づけを知るのはそれほど簡単なことではない。

最も大きな差をもたらす要因は2つある。

第1は「年齢」だ。賃金構造基本統計調査によると、男性・正規の場合、18歳未満の18・3万円と55〜59歳の43・5万円（年間522万円）との間で、2・4倍の開きがある。

もう一つの大きな要因は、「正規か非正規か」だ。同調査によると、男女計の年額で、正社員・正職員の月額が32・4万円に対して、正社員・正職員以外は21・5万円と、1・5倍の差がある。

45〜49歳で正規なら、「月収40万円」が目安

日本の場合、年齢が賃金を決める大きな要素になるので、仮にあなたの賃金が全体の平均

より高いとしても、それは単に「あなたの年齢が高い」というだけのことかもしれない。

だから、全体の平均値と比較するだけでは、あまり意味がない。同じ年齢で比較しないと適切な判断がしにくい。そこで、賃金構造基本統計調査を用いて、図表４－１のように、年齢別の平均を考えることにする。これは男性の一般労働者だ（注）。これを見れば、あなたの賃金が平均より高いか低いかの判断を、先に述べたよりは正確に行える。

例えば、表によると、45～49歳の男性で正規であれば、平均値は39・６万円（年間４７５万円）だ。だから、もしあなたが45～49歳の男性であり正規職員であって、賃金がこれを超えているのなら、あなたは「平均より給与が高い」といえる。それは、あなたのこれまでの勤務成績がよかったか、あなたの会社の業績がよかったかなどの原因によるものだ。

逆に、これより大きく下回っているのであれば、考える必要がある。それは、あなたの勤務成績が悪かったためかもしれない。

しかし、そうではなく、あなたが正当に評価されていない可能性もある。あるいは、あなたの会社の収益性に問題があるのかもしれない。そうであれば、転職を検討するのがよいかもしれない。

図表4-1 雇用形態別・年齢別賃金（一般労働者男性、月額）

（単位：千円）

	正社員・正職員	正社員・正職員以外
年齢計	350.7	240.2
～19歳	182.8	188.0
20～24	217.3	187.8
25～29	256.2	210.0
30～34	294.6	222.6
35～39	334.7	235.3
40～44	367.6	240.6
45～49	396.3	245.6
50～54	431.2	242.6
55～59	435.3	252.1
60～64	350.0	266.7
65～69	309.7	234.7
70～	293.6	222.0

（出所）厚生労働省「賃金構造基本統計調査」

（注）賃金構造基本統計調査で「賃金」とされるのは、現金給与額（きまって支給する現金給与額）のうち、諸手当を差し引いた額で、所得税等を控除する前の額だ。法人企業統計調査によれば、給与・賞与のうち賞与の比率は15％程度だ。なお、本書では、「給与」と「賃金」を厳密に区別せずに使っている場合がある。
賃金構造基本統計調査は、常用労働者を「一般労働者」と「短時間労働者」に区分し、おのおのを「正社員・正職員」と「正社員・正職員以外」に分けている。本章では、これらを、正規、非正規と記した。

正規と非正規の賃金差は年齢とともに広がる

非正規では、賃金の年齢差は、あまり大きくない。

すでに述べたように、男性正規の場合には、19歳以下の18・3万円と55～59歳43・5万円の間で、2・4倍の開きがある。しかし、非正規の場合には、19歳以下の18・8万円と55～59歳の25・2万円との間で1・3倍の開きしかない。

また、男女差もさほど大きくない。年齢計で見て、正規の場合には、男35・1万円と女26・9万円の間に1・3倍の開きがある。それに対して、非正規は男24・0万円と女19・3万円の間に1・2倍の開きしかない。

だから、もしあなたが非正規であれば、単純に非正規平均の21・5万円と比較して、高いか低いかを判断すればよいだろう。つまり、21・5万円（年間258万円）より高いのであれば、高いと判断してよい。

すでに述べたように、非正規の場合、賃金に年齢差がほとんどない。他方で、正規では、年齢とともに賃金が上昇する。

したがって、若いときには、正規と非正規の間であまり大きな賃金格差がないことになる。そして、非正規として働くことをあまり問題ではないと考える可能性がある。しかし、時間が経つと、非常に大きな差ができてしまうのだ。55～59歳になると、正規43・5万円、非正規25・2万円で、1・73倍にもなってしまう。

これに加えて、退職金の差がある。非正規の場合には、退職金がない場合が多い。だから、生涯所得には大きな差がついてしまう。

学歴を得る努力が経済的に正当化できるか？

正規になるか非正規になるかは様々な要因によって決まるが、学歴が大きな要因である場合が多いだろう。

ところで、学歴は個人が選択でき、努力によって得られるものだ。では、高学歴を得ようとすることは、経済的に見て、正当化できるだろうか？

右に述べた生涯所得の差を考えれば、大学教育は十分なリターンが期待できるといえるだろう。

もちろん、学歴を得るためには費用が必要だ。学費のほかに、親元を離れれば、生活費もかかる。そうしたことを考えても、大学教育はペイする可能性が高い。

それにもかかわらず、大学進学の選択が若年期における正規・非正規の賃金の差で判断され、「大学進学は割に合わない」とされている可能性がある。20歳にもならない段階では、この判断を正しくできない可能性が高い。

アメリカのビジネススクールの学生は、いったん就職してから、学び直す人たちが多い。つまり、20代後半や30代になってから、選択をやり直せるのだ。

日本でも専門職大学院が作られたが、十分に機能しているとは言い難い。この制度を適切に機能させるための努力が必要だ。

2 「成功者」といえる年収はいくらか？ そうなる人の比率は？

国家公務員の給与：本省課長なら年収1200万円を超える

1節でも述べたように、毎月勤労統計調査などの賃金調査から得られる情報は、個人の位置を正しく知るためには、十分なものとはいえない。なぜなら、賃金統計は、あらゆる雇用者を対象にしているため、対象についての具体的なイメージを摑みにくいからだ。

日本人全体を対象とした統計には様々な人々が含まれているため、どのような人たちと比較しているのかが把握しにくい。年齢別、学歴別などの統計で項目ごとの平均値を見ても、やはり、対象のイメージがはっきりしない。

自分の給与が日本社会の中でどの程度のものかを見るためには、対象のイメージがはっきりしているものと比較するのがよい。

対象のイメージがはっきりしているものとして、まず、国家公務員の給与を見よう。図表

図表4-2　国家公務員の給与

（単位：円）

	年間給与
係員 25歳	3,178,000
係長 35歳	4,544,000
地方機関課長 50歳	6,730,000
本府省課長補佐 35歳	7,314,000
本府省課長 50歳	12,659,000
本府省局長	17,804,000
事務次官	23,374,000

（出所）内閣官房内閣人事局「国家公務員の給与（令和3年版）」

4－2には、国家公務員のモデル給与を示す（2020年度）。

技術職と事務職で若干の差があるが、50歳から54歳までの本省事務職課長の場合で、1266万円となっている。局長になると1700万円を超え、事務次官になると2000万円を超える。しかし、ここまで昇進できるのは、ごく一部の人だ。

本省の課長になれば、国家公務員として「成功した」といえるだろう。したがって、「成功」の目安は、俸給が年1200万円台ということになる。

民間企業では、年収1000万円超えが「成功」の目安

国家公務員の給与は、民間給与を参考にして決められている。対象とされているのは、事業所規模50人以上の民間事業所だ（業種によっては、この範囲に中小企業も含まれる）。

図表4-3 民間の給与

（単位：円）

	平均年齢	月収	年収	ボーナス	合計
部長	52.8歳	707,786	8,493,432	3,057,636	11,551,068
課長	49.5歳	594,248	7,130,976	2,567,151	9,698,127
係長	44.5歳	424,241	5,090,892	1,832,721	6,923,613
係員	36.9歳	296,807	3,561,684	1,282,206	4,843,890

（出所）人事院「令和3年職種別民間給与実態調査の結果概要」

人事院「令和３年職種別民間給与実態調査の結果概要」によると、平均支給月額は、部長クラス（平均年齢52・8歳）で、70万７７８６円だ。ここで、「平均支給額」とは、従業員に対して支払われた、きまって支給する給与（時間外手当を除く）の年平均額だ。

この他に、ボーナスが４・３２カ月となっている。ボーナス分を加えた合計を計算すると、図表４－３のようになる。部長クラスで年収１１５５万円になる。

「成功者」と呼べる年収がもらえる人は、大卒者の5分の1

すべての人が部長になれるわけではない。そこまで行けるのは、「成功者」といってよいだろう。ではこの段階まで行ける人は、どの程度いるのだろうか？「民間給与実態調査」（国税庁）によると、年収が１０００万円以上の人の比率は、全体の7・1%だ（男性、2020年）。

民間企業従業員の中でこれだけの人の給与が1000万円を超えているというのは、それなりに重要な情報だ。

ただ、もう一つ知りたいのは、そこにたどり着く確率だ。それを知るためには、前記の情報だけでは十分でない。

なぜなら、日本の賃金体系は年功序列的なので、若いときに所得が低いからといって、低所得者だということはできないからだ。時が経てば、給与が上がると期待してよい。

高収入者は50代に多いので、50代における収入が1000万円を超える人の比率は、全年齢についての平均値である7・1%より高いはずだ。

ここでは、前記の人事院「職種別民間給与実態調査」を用いて、つぎのような計算を行った。この調査が対象としている総人数は約338万人だ。それに対して支店長、部長の人数は11万人だ。

いま、従業員は、23歳から60歳までの各年齢に同数だけ分布しているとし、支店長、部長は50代であると仮定しよう。すると、50代の従業員数は91・4万人であり、そのうち11万人が支店長、部長になっている。

したがって、50代の従業員数に対する支店長、部長の比率は、11/91.4＝12％ということになる。

しかし、これは従業員数50人以上の企業についてのものである。この他に50人未満の企業があり、また自営業者がいる。

法人企業統計調査によれば、資本金5000万～1億円未満の企業の一企業あたり従業員数が85人であり、これより資本金が少ない企業の場合には、一企業あたりの従業員数はより少なくなる。そして、これらの企業の従業員総数が、全体の約半分を占める。

したがって、仮に従業員50人以上の企業における支店長、部長だけを「成功者」と考えるなら、その人たちが50代の総就業人口に占める比率は、右で計算した12％よりは低くなるはずである。

結局のところ、50代の男性における「成功者」の率は、7・1～12％の間にあることになる。ここでは一応の目安として、10％と考えることにしよう（注）。

日本の大学進学率は、1990年代以降、ほぼ50％だ。したがって、前記の人々は、大卒者の5分の1程度にあたる。つまり、大卒者の約5分の1が「成功者」といえる年収に到達することになる。

なお、以上では年収のみに着目して「成功者」を定義した。しかし、人間の幸せが収入だけで決まらないことは、言うまでもない。収入が少なくても幸せな人は大勢いるし、逆に、収入が多くて不幸な人もたくさんいる。

（注）『日本経済2021－2022―成長と分配の好循環実現に向けて―』内閣府（2022年2月）、「付図3－3　世帯主の年齢階級別に見た再分配前所得の分布」によると、世帯主年齢が45～54歳、55～64歳の場合、再分配前所得が1000万円以上の世帯の比率は約20％となっている。

日本の「成功者」の年収は、アメリカ修士の初任給程度

では、海外の事情はどうだろうか？　アメリカで年収1000万円は、ほぼ大学院卒の初任給のレベルである。

第1章でも触れたが、トップクラスのビジネススクールであれば、MBA（ビジネススクールの学位）取得後、1700万円程度の年収が直ちに得られる。ボーナスを加えると2500万円程度になる。30歳になるかならぬかの人たちが、これだけの収入を得られるのだ。

他方、「国家公務員の給与（令和3年版）」（内閣官房内閣人事局）によれば、日本の公務員で大学院卒、総合職の初任給は、383万円でしかない。

アメリカの場合、巨大IT企業で上級のエンジニアに採用された人々は「成功者」といえる。第1章で見たように、彼らの年収は1億円近くなる。

先に定義した日本の場合の「成功者」年収とは、10倍程度の開きがある。アメリカと日本の違いに呆然とせざるを得ない。

3　大企業では、男性従業員の3割が年収1000万円超

会社内での自分の所得の位置づけを知るには？

自分の給与の位置づけについて、日本全体の中での位置づけだけでなく、自分の会社の中での位置づけも知りたいと思うだろう。これらを推測するためのデータも提供されている。

上場会社であれば、個々の会社の平均給与を、有価証券報告書やYahoo!ファイナンスによって知ることができる（ここに示されているのは、単体ベースでの男女平均年収である）。これを見ると、ある会社の給与が他の会社のそれより高いか低いかが分かる。

例えば、三菱商事の年収が1678万円、トヨタ自動車が858万円、東芝が866万円、みずほフィナンシャルグループが729万円といった具合だ。

その会社に勤めている人であれば、これによって、自分の給与が会社の中でどのくらいの位置にあるかのおおよその見当がつく。

所得の分布は、「パレート分布」

しかし、以上のデータは、必ずしも十分なものではない。その理由は、平均値だけしか分からない場合が多いことだ（「国民生活基礎調査」と国税庁の「民間給与実態統計調査」では、分布図が示されている）。性別、年齢別、業種別、企業規模別等のデータが示されていることもあるが、やはり平均値だ。全体の平均値よりは詳しいことが分かるが、依然として、はっきりしたことがわからない。

平均値だけでイメージを摑みにくい大きな理由は、所得や資産の分布は、平均値を中心にした左右対称形になっていないことにある。

身長や体重、あるいは学校の成績などは、左右対称の分布になっていることが多い（これらは、「正規分布」と呼ばれる分布で表される）。このため、平均値とバラツキ（分散）が分

図表4-4　男性従業員の年収分布（2020年）

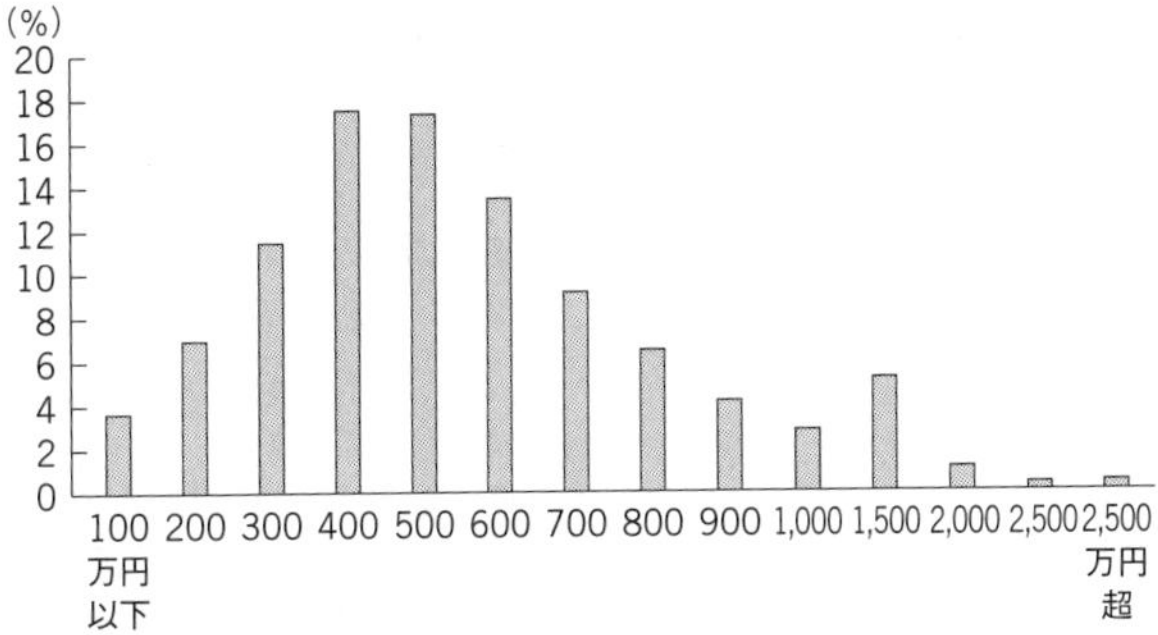

（出所）国税庁「令和2年分　民間給与実態統計調査」

かれば、自分が全体の中でどのような位置にあるかを、かなり正確に摑める。

ところが、所得や資産の分布は、「パレート分布」と呼ばれる分布に従う場合が多い。この分布では、少数ではあるがきわめて高い所得や資産の人々がいる。

なお、統計によっては、「中間値」という指標が示されていることもある。全体の半分の人がこの値よりも低く、半分の人がこの値よりも高い。ただし、中間値が分かっても、依然としてはっきりしないことが多い。したがって、分布そのものを見ることが必要だ。

図表４－４には、「民間給与実態統計調査」（国税庁）の結果を示す（２０２０年、男性）。ここに示すように、所得の低い層に多くの人がいる。

他方で、所得がかなり高い人が少数ながらいて、分布が右方向に長く延びている。

このため、平均値は、532・2万円と、普通の人が考えているよりは高い値になる。平均値より所得が低い人が、全体の半数より多いのだ。

なお、この調査で「給与」とは、給料・手当、賞与の合計だ。

分布のデータを使えば、平均値データでは分からないいろいろなことを知ることができる。例えば高額所得者の比率だ。

すでに述べたように、日本社会では、年収1000万円以上が得られれば、ほぼ満足すべき状態といえるだろう。つまり、企業人として成功したと評価できる。では、年収1000万円以上の人はどの程度いるのだろうか?

民間給与実態統計調査によると、男性従業員では、全体の7・1%だ。しかし、女性従業員の場合には、1・1%ときわめて少ない。

大学進学率における男女差は、これほど大きくない。だから、日本企業は、能力との対比で見て、女性を十分に活用していないということができる。

図表4-5　年収1000万円以上の比率（男性従業員の場合）

会社の男女平均年収（万円）	会社の男性平均年収（万円）	年収1000万円以上の比率(男性)(%)
433.0	532.0	7.05
481.1	591.1	9.86
541.3	665.0	14.01
618.6	760.0	20.49
721.7	886.7	29.66
866.0	1064.0	43.11
1082.5	1330.0	60.43
1443.3	1773.3	77.92
2165.0	2660.0	89.38

（出所）国税庁「民間給与実態統計調査」のデータを用いて著者推計

製造業大企業や銀行では、男性の約３割が年収１０００万円超

以上で見たのは、民間企業全体の分布だ。これだけではなく、特定の会社の中で年収分布がどうなっているかにも、関心がある人が多いだろう。これを明らかにするため、民間給与実態統計調査のデータを用いて、推計を行ってみた。結果は、図表４－５に示すとおりだ。この表の見方は、つぎのとおりだ。

まず、有価証券報告書、あるいはＹａｈｏｏ！ファイナンスのデータなどを用いて、ある会社の平均給与を調べる。例えば、それが７２１万円で

あったとしよう。

つぎに、図表4－5で、721・7万円に対応する欄を見る。すると、その会社の男性の平均年収は886・7万円であることが分かる。そして、その会社の男性で所得が1000万円以上の人は、男性従業員の29・7％だ。

男女平均が721・7万円という数字からすると、ほとんどの人が年収1000万円未満であるような印象を受ける。しかし、男性で1000万円を超える人は、印象以上に多数いることが分かる。製造業の大企業は、この程度のレベルであることが多い。銀行もほぼこの程度の水準だ。

商社などは、会社の平均給与が1000万円を超す。この場合、図表4－5から、男性従業員の6割以上の人の年収が1000万円を超していることが分かる。

推計方法

図表4－5を計算した方法は、つぎのとおりだ。例えば、平均年収が700万円の会社を考える。1000万円は、700万円の1・43倍だ。そこで、民間給与実態調査のデータで平均値の1・43倍以上の階層にいる人が全体の何％かを計算する。そしてこれが、平均

年収700万円の会社における1000万円以上の人の比率だと考えるのである。

実際には、計算の便宜のため、以上の手続きを逆向きにたどることとし、つぎのようにして計算した。

まず、民間給与実態調査のデータを用いて、男性の年収階層別の人員比と、その階級以上の累積人員比率（その階層以上の層の総人員の、男性総従業員に対する比率）を計算した。

例えば、年収600万〜700万円層には、男性総従業員の9・17％がいる。そして、この層の収入以上の人員の比率（年収600万円以上の男性従業員の男性総従業員数に対する比率）は、29・66％だ。

ところで、600万円とは、男性従業員の年収の平均値532万円の1・128倍だ。そこで、1000万円が男性平均値の1・128倍となるような分布を考える。これは平均値が1000／1・128＝886・6万円である分布だ。

この会社の男女平均の給与平均は、全体の比率から721万円と推計される。そして、この分布では、年収1000万円以上の男性の比率は29・66％いると結論されることになる。この値が、図表4−5に示されている。

4　50代世帯は所得で4グループに分けられる

世帯総所得1000万円超は、全体の12・1%

これまで何度も述べてきたように、賃金・給与や所得に関する統計データの多くは、平均値で示されている。しかし、自分の給与が日本全体の中でどのような位置にあるかを知るために、平均値は必ずしも適切な指標ではない。

この点を修正して見るために中央値が公表されている場合もある。全体の半分が中央値以上であり、半分がそれ以下だ。だから、平均値よりもイメージが摑みやすい。

しかし、すべての統計で中央値が示されているわけではない。また、中央値が分かっても、なおかつ自分の正確な位置は分からない。

本来であれば、分布データと比べるのがよい。賃金や所得に関する分布データは、いくつか公表されている。

「民間給与実態統計調査」（国税庁）によれば、給与総額（給料、手当、賞与）平均値は、532万円。年収1000万円以上は、7・1%だ（男性の場合）。

厚生労働省「国民生活基礎調査」では、世帯所得の分布が示されている。2019年の調査では、1世帯あたり平均所得金額は、552・3万円だ。中央値は437万円。つまり、世帯の半分は、年間所得が427万円以下だ。1000万円以上の世帯の比率が12・1％になる。この調査は、自営業者なども含む。また所得とは、雇用者所得、事業所得などの他、年金、財産所得、仕送りなどを含む広い概念だ。

ただし、これらのデータでも十分とはいえない。日本の給与体系は年功序列的性格が強く、年齢が上がるほど所得が増える場合が多いからだ。そこで、年齢別の所得分布データが欲しい。

このようなデータは、これまであまりなかったのだが、内閣府「日本経済2021―2022」（ミニ経済白書、2022年2月）でその分析が行われている。

これは、総務省「全国家計構造調査」「全国消費実態調査」および「全国単身世帯収支実態調査」の個票を用いて分析したものだ。ここでは 再分配前所得の分布が分析されている。

25〜34歳層でも年所得1000万円以上の世帯が3％

25〜34歳における再分配前の世帯所得の状況（「日本経済2021−2022」第3−3−3図）を見ると、2019年で、中央値が475万円。また、1000万円以上が3％程度いる。

「夫婦と子どもからなる世帯」では、中央値が550万円であり、1000万円以上が3％程度になっている。

この状況は、「国民生活基礎調査」の数字に比べると、かなり高めだ。世帯主の勤務先所得だけでは、この年齢層で、これだけの所得を得るのは、難しいだろう。これは「世帯所得」なので、共働きの影響ではないかと考えられる。事実、この年齢層での単身世帯を見ると、中央値が360万円であり、1000万円以上の世帯は、ほとんどゼロになる。

50代では、年所得1000万円以上の世帯の比率は、20％程度

多くの人にとって所得が最大になる50代を見よう。これは、前記資料の付図3−3「世帯主の年齢階級別に見た再分配前所得の分布」に示されている。45〜54歳、55〜64歳のいずれにおいても、1000万円以上の世帯の比率が20％程度だ。

本章の2節で示したように、民間企業で年収1000万円以上となるのは、支店長、部長クラスであるが、この段階に達するのは、同年齢の12％程度と考えられる。これと比較すると、20％という数字はかなり高い。

では、なぜこのように高い数字になるのだろうか？　世帯の所得がどのような構成になっているのかは示されていないので、推測するしかない。この原因としては、原理的には、共働きと資産所得が考えられる。

まず、前記25～34歳層の場合と同じように、同居する世帯主以外の所得による可能性もある。世帯主が50代後半の世帯では、子どもの所得もあるかもしれない。

つぎに、資産所得の可能性がある。ただし、資産所得が世帯所得に占める比率は、全世帯で2・9％、高齢者世帯でも6・5％にすぎない。また、仮に資産所得が大きいのであれば、70歳になっても高所得世帯が多いはずだが、そうはなっていない。65歳以上になると、世帯所得が1000万円を超える世帯数の比率は、ほぼゼロになってしまうのである。

それに対して、稼働所得（給与など）が世帯所得に占める比率は、全世帯で74・3％（高齢者世帯以外では85・1％）、高齢者世帯でも23・0％ある。

以上を考えると、50代で世帯所得1000万円以上の世帯とは、「世帯主の勤務先所得が

図表4-6　50代の所得による世帯のグループ化

グループ	50代の年間所得	学歴との関係	同年齢層中の比率
1	世帯主だけで1000万円超	大卒の20%	10%
2	配偶者と合わせて1000万円超	大卒の20%	10%
3	世帯で500万円から1000万円	大卒の60%	30%
4	世帯で500万円未満	大卒未満	50%

（出所）著者推計

かなり高額であり、それに配偶者の勤務先所得が加算されている」場合が多いのではないかと推測される。

50代の所得による4つのグループとその割合

本章でこれまで行った分析を総合すると、50代の世帯を、図表4－6に示すようにグループ化することが可能だ（学歴との関連は、筆者の想定。実際にはこうならない場合もあるだろう）。

第1グループ　世帯主の所得だけで年間1000万円を超える。これは管理職になった場合に相当する。同年齢層の総人口に占める比率は1割程度と考えられる。大学卒業者が同年齢層の5割とすれば、その2割程度になる。

第2グループ　配偶者の所得と合わせて、年間1000

万円を超える。これは、同年齢総人口の1割程度。大学卒業者の2割程度になる。

第3グループ　世帯所得で年間500万から1000万円。50代の年収の中央値はほぼ500万円なので、世帯所得で年間500万から1000万円が同年齢総人口の3割（＝5割－2割）程度いることになる。これは、大学卒業者の6割程度にあたる。

第4グループ　世帯所得が500万円未満。これは同年齢総人口の5割程度。

そして、60代後半になると、ほとんどの人の再配分前所得がゼロになる（つまり、所得は年金だけになる）。

なお、以上では世帯主を男性と考えたが、そうでない場合ももちろんある。

第4章のまとめ

1 日本の賃金は年齢と雇用形態によって大きく異なるので、年齢別、雇用形態別の統計で平均を見るのがよい。

若年時には正規と非正規の賃金格差が大きくないので、大学進学の経済効果が過小評価されるおそれがある。

2 日本では、50代に年収が1000万円を超えることが、「成功」の目安といえる。この段階に達する人は、同世代の人の1割程度だ。大学卒のうちの5分の1程度になる。

3 日本の大企業の平均年収は、700万円程度の場合が多い。年収1000万円とはだいぶ隔たりがあるように見える。しかし、男性で年収1000万円を超える人の比率を推計してみると、3割程度と意外に高い。平均値では分からない実態だ。

4 世帯所得が年1000万円を超える世帯は、全体の12%強ある。他方、全体の半分の世帯の年収が427万円以下だ。50代だけをとると、世帯年収1000万円超が2割程度。他方、同年齢層の約半分が世帯年収500万円以下だ。

第5章

賃金格差はなぜ生じるのか？

1　賃金格差を是正しなければ所得格差を是正できない

所得格差を生む大きな要因は賃金格差

岸田文雄内閣は、分配問題を経済政策の柱にしている。

所得格差を生む原因としては、様々なものがある。第1に、相続によって生じる資産保有額の違いは、所得格差の大きな原因だ。

第2に、何らかの理由で働くことができず、収入の途を断たれた人々がいる。こうしたことを原因として生じる所得格差に対しては、税制や財政支出による対応が必要だ。

所得格差を生む第3の原因は、賃金格差だ。本章で詳述するように、日本では、大企業と中小零細企業の間に大きな賃金格差がある。また、正規雇用者と非正規雇用者の間に賃金格差がある。

所得格差のかなりの部分は、賃金格差によって生じている。したがって、分配問題を重視するのであれば、賃金格差の問題を避けて通ることはできない。賃金格差是正のための政策は、分配政策の中で中心的な比重を占めるべきものだ。

バラマキでは格差を解消できない

賃金格差については、給付金などのバラマキ的な再分配政策をいくら手厚く行っても、問題を解決したことにはならない。

なぜなら、バラマキ的な再分配政策だけでは、賃金格差を生んでいる原因を除去することはできないからだ。格差の原因に対処しない限り、いつになっても同じようなバラマキ的再分配政策から脱却できない。

したがって、賃金格差問題については、その原因を正しく把握し、対策を講じる必要がある。以下では、賃金格差がどのような原因で生じているのか、それを是正するにはどのような措置が必要なのかを考えることとする。

2　業種別・企業規模別に大きな賃金格差がある

業種別・企業規模別で5倍以上もの賃金格差

賃金は様々な要因に依存する。まず、年齢、性別、学歴などの要因がある。これに加え、企業規模と業種による違いがある。ここでは、後者の問題について考える。

「民間給与実態統計調査」(国税庁)によると、民間企業の業種別・資本金規模別の平均給与は、図表5－1のとおりだ(原表に記載されている業種のいくつかを、省略して示してある)。

平均は、年額389万円だ(個人企業と「その他の法人」を含む全体の平均は、370万円。図表5－1には、法人企業のみを示してある。なお、給与とは、給料・手当及び賞与の合計額)。

まず、企業規模別に明らかな差が見られる。資本金10億円以上の平均給与534万円は、資本金2000万円未満の314万円の1・7倍だ。

業種別にも大きな差がある。給与が最も高い電気・ガス・熱供給・水道業の763万円は、最も低い宿泊業、飲食サービス業164万円の4・7倍だ。

高給与業種は、金融業、保険業、電気・ガス・熱供給・水道業、情報通信業だ。低給与業種は、対人サービス業だ。

平均給与が最も高い電気・ガス・熱供給・水道業の資本金10億円以上の年収815万円は、最も低い宿泊業、飲食サービス業の資本金2000万円未満の年収159万円の5・13倍にもなる。

図表5-1　業種別・企業規模別年平均給与（2020年度）

（単位：千円）

	資本金規模					
業種	2,000万円未満	2,000万円以上	5,000万円以上	1億円以上	10億円以上	平均
建設業	3,956	4,872	5,303	5,758	7,356	4,987
製造業	3,513	3,689	4,046	4,778	6,412	4,794
卸売業、小売業	3,159	3,460	3,431	3,351	3,216	3,298
宿泊業、飲食サービス業	1,590	1,704	1,676	1,648	1,646	1,638
金融業、保険業	3,498	3,930	5,195	6,585	6,429	6,170
電気·ガス·熱供給・水道業	3,161	—	6,176	4,897	8,150	7,631
情報通信業	4,607	4,657	4,941	5,431	7,027	5,547
医療、福祉	2,409	1,872	2,451	2,486	2,427	2,365
平均	3,136	3,461	3,558	3,948	5,338	3,888

（出所）国税庁「令和2年分　民間給与実態統計調査」

図表5―1で分かるように、規模別格差は、業種によって異なる。

金融業、保険業、電気・ガス・熱供給・水道業など参入規制がある業種では、平均給与が高いだけでなく、規模別格差も大きい。

それに対して、卸売業・小売業、宿泊業・飲食サービス業、医療・福祉などでは、平均給与が低いだけでなく、規模間の格差も小さい。

これは、金融業・保険業、電気・ガス・熱供給・水道業の大規模企業の給与が高いのは、参入規制による面もあることを示唆している。

高度成長期から変わらない大企業と中小企業の「二重構造」

前項で見た「民間給与実態統計調査」のほか、「賃金構造基本統計調査」によっても、産業別や企業規模別の状況が分かる。

ただし、賃金がどのようなメカニズムで決まっているかを分析するには、賃金のデータだけでなく、付加価値や資本装備率などのデータが必要だ。このようなデータは、右に見た統計にはないが、「法人企業統計調査」によって知ることができる。

そこで、以下では、法人企業統計調査を用いて、企業規模別、産業別の賃金格差がどのような要因に影響されているのかを分析することとしよう。

法人企業統計調査（金融業、保険業以外の業種）によって、２０２０年度における企業規模別の賃金（従業員一人あたりの給与・賞与の合計）を見ると、次ページの図表５－２のとおりだ。図表５－１の民間給与実態統計調査と数字は少し違うが、傾向は同じだ。全産業、全規模での一人あたり給与は３７０万円であり、同じだ。

このデータでも、給与は企業規模によって明らかな違いがある。資本金10億円以上の企業（「大企業」と呼ぶ）の賃金は年５７５万円であり、資本金１０００万円未満の企業（「零細企業」と呼ぶ）の賃金２３５万円の２・４倍だ。

高度成長期の日本において、「二重構造」ということがいわれた。経済成長を牽引する製造業の大企業と、中小零細企業や農業との間で、生産性や賃金に大きな格差があるという問題だ。日本経済は、現在でもこれと同じような問題を抱えていることになる。

業種による賃金格差が生じるメカニズム

図表５－３では、賃金などを産業別に見よう。製造業と非製造業を比較すると、あまり大きな差はないが、製造業がやや高めだ。

図表5-2　企業規模別の諸指標（2020年度）

	資本金規模	一人あたり付加価値（百万円）	一人あたり給与（百万円）	労働分配率（%）	資本装備率（百万円）
全産業	全規模	6.88	3.70	54	26.74
	10億円以上	12.32	5.75	47	87.81
	5,000万円以上～1億円未満	5.57	3.48	62	12.68
	1,000万円以上～5,000万円未満	5.28	3.11	59	13.02
	1,000万円未満	4.78	2.35	49	10.52
製造業	全規模	7.97	4.67	59	30.92
	10億円以上	11.80	6.72	57	66.61
	5,000万円以上～1億円未満	5.86	3.67	63	13.12
	1,000万円以上～5,000万円未満	5.18	3.31	64	11.40
	1,000万円未満	4.36	2.42	56	5.61
非製造業	全規模	6.58	3.43	52	25.56
	10億円以上	12.67	5.08	40	102.18
	5,000万円以上～1億円未満	5.50	3.44	62	12.57
	1,000万円以上～5,000万円未満	5.30	3.07	58	13.38
	1,000万円未満	4.83	2.35	49	11.15

（出所）「法人企業統計調査」のデータより著者作成（図表5－3、5－4、5－5も同じ）

図表5-3　従業員一人あたり計数（産業別、単位：万円、％）

	有形固定資産	賃金	付加価値	労働分配率（％）
製造業	1266.5	467.2	796.6	58.6
非製造業	1223.2	343.1	657.5	52.2
小売業	746.0	289.6	548.8	52.8
宿泊業・飲食サービス業(集約)	471.4	206.3	236.9	87.1

問題は、宿泊・飲食サービス業など対人サービス業における賃金が低いことだ。ただし、これは、宿泊・飲食サービス業では、零細企業が多いためかもしれない。そこで、従業員数や付加価値において大企業が占める比率を産業別に見ると、次ページの図表5－4のとおりだ。

従業員数で見ても付加価値で見ても、製造業では大企業の占める比率が高いのに対して、非製造業では製造業の場合より大企業の比率が低い。そして、宿泊・飲食サービス業では、従業員数で見ても付加価値で見ても、大企業の比率がかなり低い。

したがって、産業別に一人あたり賃金の差が生じる基本的な原因は、大企業の比率が産業ごとで異なることだと考えることができる。つまり、賃金格差をもたらしている基本的な原因は、企業規模の違いなのだ。

3　賃金格差を決めるのは「資本装備率」

なぜ大企業と中小企業で賃金格差が生じるのか？

企業規模別に賃金格差が生じる要因としてしばしば指摘されるのは、労働分配率の違いだ。ここで分配率とは、付加価値（売上高－原価）のうち、賃金・報酬が占める比率のことだ。

図表5-4　資本金10億円以上の企業の比率

（単位：％）

	従業員数	付加価値
全産業	18.6	33.3
製造業	34.2	50.6
非製造業	14.2	27.4
小売業	17.2	23.6
宿泊・飲食サービス業	7.8	12.1

しばしば、「中小零細企業では労働組合の力が弱く、交渉力が弱いから、賃金が低くなる」といわれる。この考えは正しいだろうか？

図表5－2の労働分配率について、大企業が高いという傾向は見られない。むしろ、大企業が低く、中企業が高くなっている。

したがって、大企業で給与が高くなるのは、分配率が高いからではないということが分かる。

中小零細企業の給与が低くなるのは、給与の原資である一人あたり付加価値（これを「生産性」という）が低いからだ。これは、図表5－2から明らかに見て取ることができる。

もし労働への分配率の違いが賃金格差の原因であるのなら、政府が企業に賃上げを要請したり、税制によって賃上げを促したりすることによって、賃金を引き上げられるかもしれない。

しかし生産性が低いのが原因であれば、こうした施策は意味がない。

これまで日本政府が行ってきた賃上げ政策は、低賃金の原因が生産性の低さにあることを認識していなかったために、有効なものになり得なかったのである。

賃金格差を生むのは、従業員一人あたりの固定資産の差

賃金格差の原因として第2に考えられるのは、「資本装備率の差」だ。ここで、資本装備率とは、従業員一人あたりの有形固定資産だ（なお、法人企業統計調査は、これを「労働装備率」と呼んでいる）。

この値は、大企業が８７８１万円であるのに対して、零細企業では１０５２万円と、大企業の８・３分の１でしかない。

このように、資本装備率において、企業規模別に顕著な差があり、大企業が高く、零細企業が低い。これが賃金格差の基本的な原因と考えられる。

以上で述べた観察結果を、理論モデルの結果と照合してみよう。ここで用いる理論モデルは、「コブ＝ダグラス型」と呼ばれる生産関数だ。労働と資本によって付加価値が生産されるとし、産出の労働弾力性をａとする。ここで、「産出の労働弾力性がａである」とは、労働力がｘ倍に増加したとき、付加価値生産額がｘのａ乗倍だけ増加することを意味する。

このモデルから、つぎの結論が得られる（証明略）。

⑴資本装備率をｋで表すと、賃金は、ｋの（１－ａ）乗に比例する水準になる。
⑵労働分配率（付加価値生産額に占める賃金所得の比率）は、ａに等しくなる。

以上のことは、技術的に決まる関係なので、政策で動かそうとしても動かすことはできない。

次ページの図表5－5は、製造業と非製造業につき、横軸に資本装備率の対数、縦軸に一人あたり付加価値の対数をとって、企業規模別のデータをプロットしたものである。両者の間には明らかに線形の関係が見られる。そして、点をつなぐ直線の傾きはほぼ0・5だ。

この結果は、右に述べた理論が予測するところと、完全に一致する。傾きが0・5であることは、図表5－3での分配率がほぼ0・5であることと一致する。

経済理論は現実の経済をうまく説明できない場合も多いのだが、この場合には、驚くほどよく説明できる。

4 一人あたり付加価値が高くなるメカニズム

なぜ資本装備率が賃金に影響するのか？

3節で見たように、賃金水準の違いは、資本装備率の違いによって説明できる。

では、なぜ資本装備率が賃金に影響するのだろうか？

図表5-5　資本装備率（横軸）と一人あたり付加価値（縦軸）

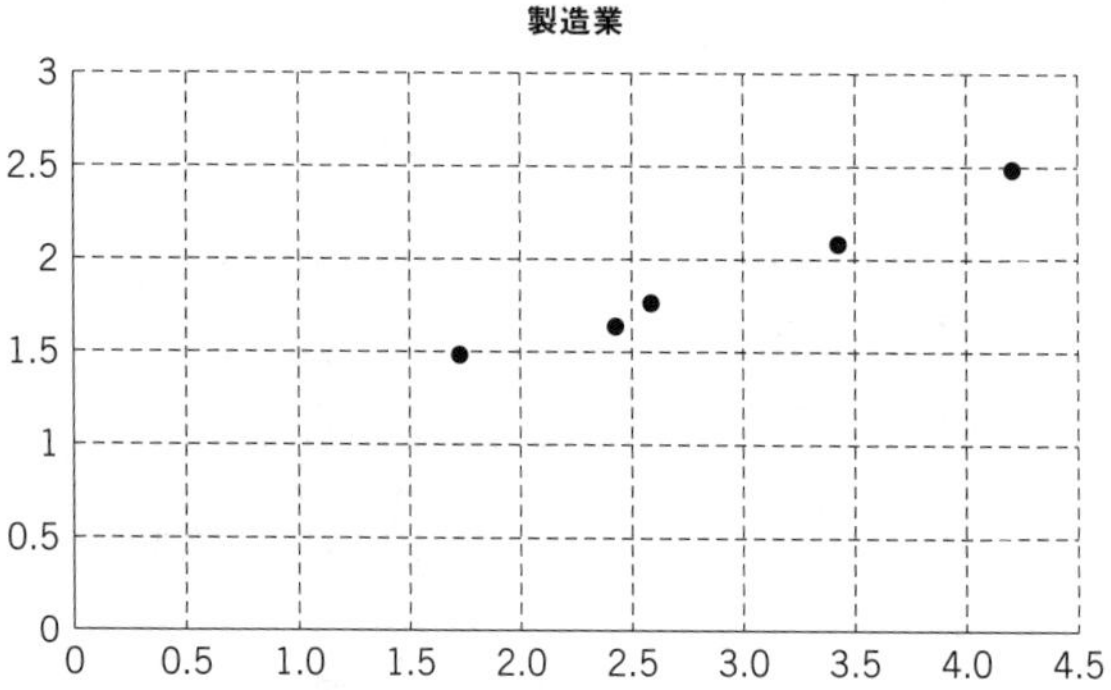

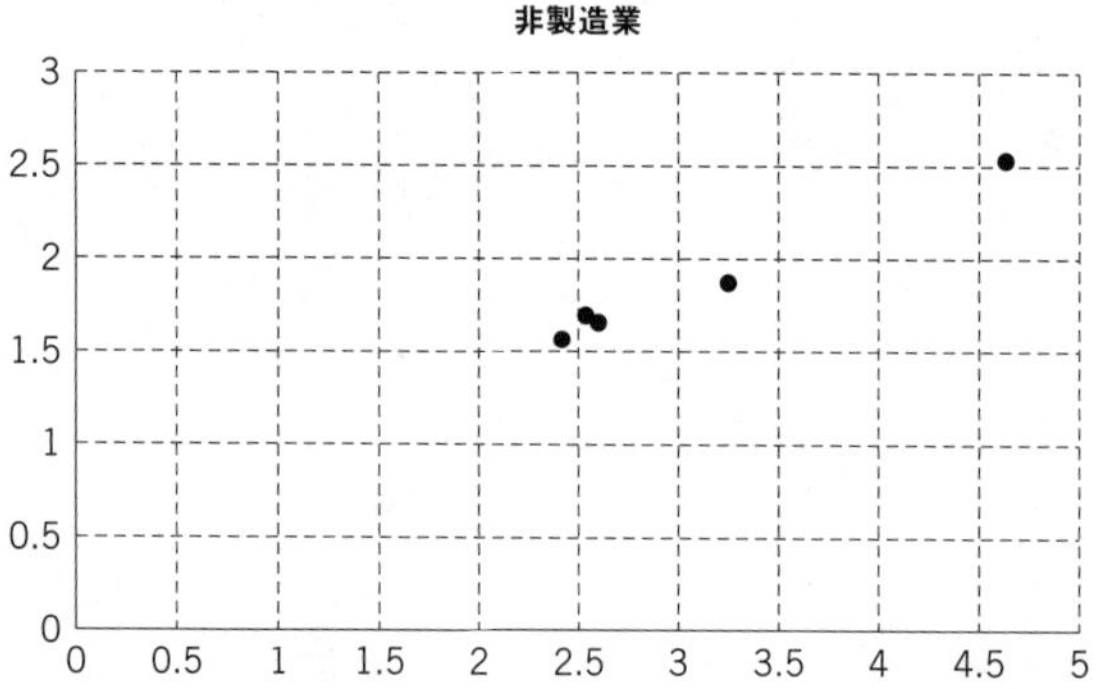

（注）縦軸、横軸とも対数目盛
（出所）「法人企業統計調査」のデータより著者作成

その理由は、3節で紹介した生産関数のモデルが説明している。労働力が一定でも、資本を増やせば、生産額が増加するからだ。

ただし、このモデルは抽象的だ。もっと具体的なイメージでは、どういうことだろうか？製造業の場合には、比較的イメージしやすい。手作業で製造するのでなく、機械を導入して製造すれば能率が上がることを想像すればよい。ロボットを導入して自動化すれば、人間の労働者一人あたりの生産額は、さらに増加するだろう。機械を用いたりロボットを用いたりすることは、固定資産を増やして、資本装備率を高めることだ。

非製造業の場合も、様々なＩＴ機器を導入すれば、デジタル化が可能になり、規模拡大を容易に行える。この場合も、ＩＴ機器を用いて資本装備率を高めることによって、労働者一人あたりの生産額を増やせるのだ。

情報処理産業の場合にも、高度な機器を用いることによって、売上を拡大できる。これは、Zoom Video Communications が実証したことだ。コロナ禍で需要が急増したのだが、クラウドでの情報保存を行うことによって、それに対応することができた。つまり、資本装備率を高めることによって、売上高を拡大できたのだ。

小企業は、大企業より効率的に付加価値を生産できる

第3章では、賃金の原資となる「一人あたり付加価値」を、「一人あたり売上高」と「売上高に対する付加価値の比率」に分解した。前項で述べた資本装備率に関するイメージは、この分解を用いれば、どのように解釈できるだろうか？

まずデータを見よう。図表5－6に示すように、一人あたり売上高と企業規模との間には、明らかな相関関係がある。全産業について見ると、資本金10億円以上の企業（「大企業」と呼ぶ）の一人あたり売上高は7452万円であり、資本金1000万円未満の企業（「零細企業」と呼ぶ）の1639万円の4・5倍にもなる。

売上高総額が大企業で大きくなるのは当然のことだが、従業員一人あたりの売上高で見ても、このように大企業が大きくなるのだ。つまり、「規模の利益」が働いている。

ところが、図表5－7に見るように、「売上高・付加価値の比率」は、企業規模が小さくなるほど高くなっている。全産業について見ると、零細企業は0・3であり、大企業の0・18の1・7倍にもなる。

この比率が高いことは、「一定の売上高をより少額の原価で実現できる」ことを意味す

図表5-6　従業員一人あたり売上高（産業別、企業規模別）

（単位：百万円）

	全規模	10億円以上 a	1億円以上－10億円未満	5,000万円以上－1億円未満	1,000万円以上－5,000万円未満	1,000万円未満 b	a/b
全産業	35.9	74.5	43.5	31.2	24.0	16.4	4.5
製造業	43.3	76.4	43.7	28.6	22.0	13.4	5.7
建設業	38.8	86.5	60.8	53.5	32.1	24.5	3.5
情報通信業	33.7	76.5	28.6	20.2	14.4	19.5	3.9
不動産業	61.7	97.4	48.8	69.8	53.4	53.7	1.8
卸売業	110.8	299.5	146.8	86.3	63.7	45.5	6.6
小売業	33.8	39.8	43.5	39.2	30.9	20.4	2.0
宿泊業	11.2	20.7	16.0	15.8	9.1	6.1	3.4
飲食サービス業	8.2	14.8	8.0	7.4	8.0	7.4	2.0
学術研究	30.4	112.7	29.1	25.0	27.9	14.9	7.6
広告業	48.8	117.5	47.2	55.3	40.3	34.0	3.5

（出所）「法人企業統計調査」のデータより著者作成

図表5-7　売上高・付加価値比率（産業別、企業規模別）

	全規模	10億円以上 a	1億円以上－ 10億円未満	5,000万円以上－ 1億円未満	1,000万円以上－ 5,000万円未満	1,000万円未満 b	a/b
全産業	0.20	0.18	0.18	0.19	0.22	0.30	0.60
製造業	0.19	0.16	0.19	0.22	0.24	0.35	0.46
建設業	0.22	0.19	0.16	0.17	0.23	0.28	0.68
情報通信業	0.31	0.28	0.30	0.34	0.44	0.34	0.82
不動産業	0.30	0.31	0.29	0.20	0.28	0.41	0.76
卸売業	0.07	0.04	0.06	0.09	0.11	0.14	0.29
小売業	0.16	0.19	0.15	0.13	0.17	0.19	1.00
宿泊業	0.38	0.41	0.38	0.31	0.40	0.42	0.97
飲食サービス業	0.37	0.37	0.42	0.36	0.33	0.39	0.95
学術研究	0.36	0.50	0.33	0.28	0.25	0.45	1.11
広告業	0.15	0.10	0.17	0.14	0.15	0.23	0.43

（出所）「法人企業統計調査」のデータより著者作成

る。その意味で、効率のよい生産活動といえるわけだ。

したがって、図表5－7のデータは、「小企業のほうが大企業より効率的に付加価値を生産できる」ことを示していることになる。これは意外な結果だ。

大企業と小企業の賃金格差を政策の力で改善できるか？

以上では、一人あたり売上高や売上高・付加価値の比率と企業規模との関連をデータで観察したが、なぜこのような傾向が生じるのだろうか？　その背後にあるメカニズムは、どのようなものか？

まず、一人あたり売上高について「規模の利益」が働く理由について考えよう。

大企業では、資金力や信用力があるため、十分な設備投資を行うことが可能であり、その結果、資本装備率を高めることができる。そのために、本節の最初で述べたようなメカニズムで、一人あたり売上高が大きくなるのだと考えることができる。

それに対して零細企業では、資金力や信用力に制約があるため、資本装備率を高めることができず、一人あたり売上高を大きくできないのであろう。

もしこの理解が正しいとすれば、政策対応が可能だ。例えば、融資などによって、小規模企業が直面する資金力や信用力の制約を補完することが考えられる。それが企業規模による資本装備率の格差を是正し、賃金の格差を是正することが期待される。

企業規模による賃金格差が、製造業で大きく、小売業で小さい理由

これまでは企業規模との関連を見てきたが、業種による違いもある。

まず、一人あたり売上高について規模の利益が働くことは、多くの業種で共通して見られるものの、その程度は、業種によってかなりの差がある。

図表5－6で、業種別・企業規模別の値を見ると、つぎのとおりだ。

大企業と零細企業の間で最も大きな乖離が見られるのは、製造業、卸売業、学術研究だ。これらの業種では、大企業と零細企業の値の比率（a／b）が5倍を超える。それに対して、不動産業、小売業、飲食サービス業では、比率（a／b）は2倍以下だ。

なぜこのような違いが生じるのだろうか？　その理由として、つぎのようなことが考えられる。製造業と卸売業の取引相手の多くは企業であり、消費者と直接に取引する機会は少ない。このため、資金力や信用力が大きな意味を持ち、その結果、大企業が有利になるのだろ

う。

それに対して、小売業、飲食サービス業では、直接に個々の消費者に接触している。不動産業の場合も、小規模な物件の場合には、直接に消費者との取引になる。このために、右に述べた意味での規模の利益が働かないのだろう。

売上高・付加価値の比率は、なぜ小企業のほうが高くなるのか？

図表5－7に見られるように、「売上高・付加価値の比率」は、企業規模が小さい企業のほうが大企業より値が高くなる。なぜ、こうなるのだろうか？

「売上高・付加価値の比率」が大企業で低くなる一つの理由は、規模に関する収穫逓減《ていげん》の法則だ。事業規模が大きくなると、比例的に付加価値が増えるわけではなく、売上高に対する比率は低下してしまうということである。

しかし、それだけでなく、日本における業種特有の取引慣行と関連している可能性がある。

図表5－7を見ると、売上高・付加価値の比率について大企業と零細企業との間で最も大きな乖離が見られる（a／bの値が最も小さい）のは、卸売業である。大企業の値は、零細企業の4分の1でしかない。製造業と広告業も0・5未満だ。これに対して、小売業、宿泊

業、飲食サービス業では、大企業と零細企業の値の比率（a／b）は0・9を超えており、売上高・付加価値の比率について、大企業と零細企業の間でほとんど差がない。学術研究では1を超えている。

このような結果になる原因として、下請け制度の存在が考えられる。

建設業やソフトウエア産業においては、下請けが広く行われているといわれる。元請企業は、受注先からの受け皿にはなるが、取引のとりまとめが中心で、実際に仕事をするわけではない。実際の仕事は、下請け企業によってなされるといわれる。元請けは、仕事を右から左に回すだけで、付加価値生産を行っていないのだ。卸売業においても、類似の構造があるのかもしれない。

製造業においては、零細企業や小企業が部品を製造し、大企業が組み立てる場合が多い。このような業種では、実際に付加価値を生産するのは小企業である場合が多いのだろう。

実際、図表5－7を見ると、これらの業種では、大企業より小企業や零細企業のほうが売上高・付加価値の比率が高くなっている。

「日本の生産性が低いのは零細企業が多いから」は本当か？

「売上高・付加価値の比率が、企業規模が小さい企業のほうが大企業より高くなる」ことの理由の解明は重要だ。なぜなら、その結論は、賃金政策や産業政策に、直接の、しかも大きな影響を与え得るからだ。

日本の生産性が低いのは、零細企業が多いためだといわれることが多い。確かに、図表5－2で見たように、従業員一人あたり付加価値は、企業規模が小さいほど少なくなる。しかし、前項で述べた解釈が正しいとすれば、「実際に経済を支えているのは小企業や零細企業」だということになる。そして、「零細・小企業を積極的に育てるべき」だということになる。

ただし、以上で述べたのは、一つの仮説にすぎない。実際にどのようなメカニズムが働いているのかについて、本格的な調査と分析が必要だ。

ファブレス製造業の生産性は高い

第3章で見たように、ファブレス製造業（工場のない製造業）が登場している。これら企業の生産性は、きわめて高い。その代表がアップルだ。同社が時価総額ランキングで世界一になっているのは、iPhoneという優れた製品を持っているからだが、それだけでなく、ファブレスによる生産方式を確立したからだ。日本のキーエンスも、ファブレスによって、高い生産性を実現している。

ファブレス企業は工場を持たないので、従来の定義によれば、資本装備率は高くないだろう。したがって、「資本装備率が高ければ生産性が高い」という前記の理論は、当てはまらないように見える。

しかし、問題は、企業会計がファブレスに対応していないことにある可能性がある。ファブレス企業は、従来の意味での固定資本をあまり持たないが、無形資産やビッグデータを持っているために生産性が高いのだと考えることができる。そうだとすれば、固定資産概念の見直しが必要になっているといえる。従来の経済理論や企業会計のあり方に、根本的な修正を迫る変化が生じているのだ。

デジタル化への投資で生産性を高める

賃金は企業規模別に大きな差があり、それは資本装備率の差によるものであることを、本章の3節で示した。そうだとすれば、企業規模別の賃金格差を是正するために、資本装備率を平等化することが必要だということになる。

では、そのためには、どれだけの投資が必要だろうか？　単純計算を行えば、つぎのようになる。

資本金5000万円未満の企業の固定資産は312兆円だ。これを3倍にするだけで、年間のGDPを超える額が必要になる。これは、とても無理なことだ。

では、規模別の賃金格差を是正するのは不可能なのだろうか？　そうとはいえない。なぜなら、投資の内容が重要だからだ。旧来の技術を用いる設備にいくら投資しても、生産性は上がらないかもしれない。逆に、生産性向上に役立つような設備への投資に集中すれば、同額の投資であっても大きな効果を期待できるだろう。

この点からいうと、デジタル化投資の生産性向上効果に注目すべきだ。日本では、デジタル化投資が十分に行われていないことが問題だ。とくに中小零細企業においてその傾向が著しい。

デジタル化によって経済構造を一変させ、生産性を高めて、貧困から脱出できた国が、実際にある。アイルランドがそれだ。同国は、1980年代頃までは、「ヨーロッパの病人」と呼ばれるほど貧しい国であった。長くイギリスの支配下にあって工業化を実現できず、農業国から脱却できなかったからだ。しかし、90年代に、ごく短期間のうちに情報立国化を実現し、ヨーロッパで最も豊かな国の一つになった。

アメリカも同じような改革を実現した。ＩＴ革命を先導し、世界的水平分業化を実現することによって、１９８０年代の低迷から脱出することができたのだ。

また無形資産や人的資産に対する投資も重要だ。これらは伝統的な会計では資産とはみなされていないものであるが、情報化の進展に伴って、重要性を増している。

こうしたことを実現するには、大学における基礎研究と人材育成から始まり、企業における実用化に至る社会全体のエコシステムの確立が必要とされる。

そのためには、組織間の人材流動性の拡大、開かれた組織の実現、世界的水平分業システムへの参加などが必要だ。

この問題については、第7章で再び論じることとする。

５　飲食業は本当に極貧産業なのか？

飲食サービス業の年収は１４１万円でしかない

「毎月勤労統計調査」（令和３年分確報）によると、２０２１年の現金給与総額は、全産業計で年収３８３万円だ。業種によっては驚くほど低いところもある。例えば、「飲食サービス業等」の年収は１４１万円でしかない。一見したところ、極貧としか言いようがない状態だ。なぜこんなに低いのか？　本当にこんなに低いのだろうか？

この数字が低くなる理由は、パートタイム労働者が多いことだ。毎月勤労統計調査によってパートタイム比率を業種別に見ると、ｐ１６１の図表５－８のとおりだ。産業計で31・28％だが、飲食サービス業等では77・６６％と非常に高い。それに対して、建設業５・67％、製造業13・45％などは、低い。

そして、現金給与総額（月額）は、一般労働者41万９５００円に対して、パートタイム労働者は９万９５３２円と、４分の１以下でしかない。月間実労働時間は、一般労働者162・1時間に対してパート78・８時間と、48・６％でしかない。

飲食サービス業では、パートタイム労働者が多く、その賃金が低いから、前述のように平均賃金が低くなるのだ。

もっとも、パートタイマーは、労働時間が約半分で給与が約4分の1なのだから、時間給も一般労働者の半分程度ということになる。労働時間が半分しかないのだから、複数の事業所で働いていることもあるだろう。それを考えれば、格差はもう少し縮まる。

パートの影響を調整するため、「フルタイム当量」を計算する

フルタイム労働者の約半分しか働かない人が約3割もいるということになれば、その人たちを含めた全体の平均賃金が低くなるのは、当然だ。

これを調整するのに、第2章で説明したFTE（フルタイム当量）という考えがある。これは、例えば半分の時間しか働かない人は、一人とカウントするのではなくて、0・5人とカウントする方式である。詳しくいえば、つぎのとおりだ。

労働時間比＝(パートの労働時間)÷(一般労働者の労働時間)

α＝(一般労働者比率)＋(パート比率)×(労働時間比)

とするとき、実際の労働者数をｎとすれば、ＦＴＥベースでの労働者数はαnだ。賃金支払い総額をＰとすれば、これまでの統計では、平均賃金をＡ＝Ｐ/ｎと算出している。それに対して、ＦＴＥベースでの平均賃金（年額）は、Ｐ/（αｎ）＝Ａ/αだ。例えば「飲食サービス業等」は77・66％の人が40・46％の時間しか働かないのだから、αは0・54になる。

したがって、ＦＴＥベースでの平均賃金は、統計の数字の0・54分の1。つまり1・85倍になる。したがって、140・6万円ではなく、260・4万円ということになる。

この考え方に従って各産業ごとにＦＴＥベースでの労働者数を算出し、賃金の修正をすると、図表5－8のＦＴＥの欄に示すようになる。

これでもまだ、飲食サービス業等や小売業の平均賃金は低い。しかし、事態はだいぶ変わる。これは、政府の統計にあるのとは、かなり違う姿だ。

αの値は産業によって異なるので、あらゆる産業が一様に改定されるのでなく、パート比率の高い業種の改定率が高くなる。

一番大きな修正になるのは飲食サービス業等で、すでに述べたように、1・85倍になる。それに対して電気・ガス業のαは0・86なので、あまり変わらない。

だから、業種間の賃金格差は、毎月勤労統計調査で見るより縮小することになる。電気業と飲食サービス業等の賃金を比べると、元の統計では4・9倍もある。しかし、FTEベースでは、3・1倍だ。だから、これは、政策判断に重要な意味をもつ。

日本企業の生産性は低いといわれてきた。とくに、サービス産業における生産性が低いといわれてきた。

そのこと自体は、このような計算を行っても変わらない。しかし、産業間の格差は、これまで考えられてきたよりは、だいぶ縮まる。

パートが多いのは、ファミレスとコンビニ

パートタイム労働者の事業所規模別、企業規模別の状況については、「パートタイム労働者総合実態調査」（厚生労働省）がある。2016年のものでやや古いが、これを見ると、つぎのとおりだ。

図表5-8　業種別のパート比率とFTE賃金など（2021年）

	パート比率 %	労働時間比 %	α	現金給与総額(万円) 年額 A	FTE A/α
調査産業計	31.28	48.61	0.84	383.4	456.4
建設業	5.67	52.56	0.73	499.5	684.2
製造業	13.45	65.50	0.95	461.7	486.0
電気・ガス業	4.57	69.10	0.86	686.6	798.4
情報通信業	5.48	54.25	0.75	584.5	779.3
運輸業、郵便業	16.35	56.30	0.92	413.9	449.9
卸売業、小売業	42.23	53.85	0.81	346.2	427.4
金融業、保険業	11.01	66.95	0.96	571.9	595.7
飲食サービス業等	77.66	40.46	0.54	140.6	260.4
医療、福祉	33.82	49.14	0.83	355.9	428.8

（注）労働時間比＝（パートの労働時間）÷（一般労働者の労働時間）
　　　α＝一般労働者比率 ＋（パート比率）×（労働時間比）
（出所）「毎月勤労統計調査」のデータより著者試算

図表5-9　事業所規模別パート比率

事業所規模	パート比率（%）
1,000人以上	11.8
300〜999人	20.4
100〜299人	22.5
30〜99人	28.6
5〜29人	32.1

（出所）厚生労働省「平成28年パートタイム労働者総合実態調査」

図表５－９に見るように、パート比率は、事業所規模と明確な相関がある。小規模事業所において高く、大規模事業所で低い。それに対して、企業規模別にはあまり大きな差が見られない。

つまり、パートは、小さな飲食店、あるいはファミリーレストランで多く、また小売業ではコンビニエンスストアで多いということだ。これはわれわれの実感に一致している。

本来はこの点も考慮すべきだろうが、業種別・規模別のデータが得られなかったので、その分析は行えなかった。

適切な統計データがなければ適切な政策は生まれない

ＯＥＣＤの賃金統計は、ＦＴＥベースのものだ。日本政府が作成している統計に比べると、労働者の数は減る。また平均賃金は高くなる（ただし、これで計算しても、日本の賃金が韓国に抜かれていること、時系列的に上昇していないことに変わりはない）。

どの国でもパートタイム労働者が増えているので、ＦＴＥでないと、事態を正確に摑めなくなっている。アメリカの国民所得統計では、「フルタイム労働者」や「フルタイム賃金」が計算されている。ＩＬＯ（国際労働機関）は、コロナ禍が雇用に与えた影響に関するレポートで、ＦＴＥによるデータを分析している。

日本でも、パートタイム労働者の増加が著しい。この変化に即した統計を作る必要がある。そうでないと、事態を正確に把握できず、適切な政策を行えない。


２０２１年の12月に、「建設工事受注動態統計調査」における不正な集計方法が問題とされた。「毎月勤労統計調査」においても、19年に不正な集計方法が問題視された。確かにこれらは大きな問題だ。統計は、「正しい」手続きで作成されなければならない。

ただし、それとともに、統計が「適切」なものかどうか、そして、それらが政策決定に使われているのかどうかも、重要な問題だ。

適切な統計でなければ、政策に使うことができない。コロナ禍で、様々な給付が行われた。雇用調整助成金もいまだに支給されている。その際に、どれだけ賃金や雇用統計のデータが活用されただろうか?

十分に活用されているようには思えない。その一つの理由は、現在の統計が現状を適切に把握していないからではないだろうか?

第5章のまとめ

1 所得格差をもたらす大きな原因は、賃金格差だ。賃金格差を解決せずに事後的な所得再分配政策を行えば、いつになっても同じ政策から脱却できない。

2 賃金水準には、企業規模別に大きな差がある。

3 「小企業や零細企業では、労働組合の力が弱いから賃金が低い」といわれることが多い。しかし、労働分配率は、大企業のほうが低い。

4 企業規模別の賃金格差は、従業員一人あたりの付加価値の差(生産性の差)による。それは、資本装備率の差による。

5 従業員一人あたりの付加価値を「従業員一人あたり売上高」と「売上高に対する付加価値の比率」に分解すると、大企業は前者が高く、後者が低い傾向が見られる。

6 飲食業の賃金は著しく低い。しかし、フルタイム当量で計算すると、他産業との格差は、縮小する。

第6章

物価は上がるが賃金は上がらない

1　物価も賃金も上がるアメリカ物価は上がるが賃金は上がらない日本

日本の「実質賃金」は危機的な状況に

「名目賃金」が変わらなくても、消費者物価が上昇すると賃金の実質価値は低下する。

日本では長らく物価がほとんど上昇しなかったので、名目賃金と実質賃金の違いをあまり意識することはなかった。ところが、2022年に物価上昇率が高まり、この違いが重要になった。

「物価が上昇するにもかかわらず名目賃金がそれに見合っただけ上昇しないため、実質賃金の伸び率がマイナスになる」という事態が生じたのである。

本稿執筆時点においてこの問題は進行中であり、今後どうなるかをはっきり見通せない点が多い。しかし、賃金を考えるうえで大変重要な問題なので、いまの時点で、この問題を考えることにしよう。

アメリカでは賃金と物価が上昇している

新型コロナウイルス感染拡大からの回復に伴って、アメリカで賃金が上昇している。

第1章で見たように、アメリカでは巨大IT企業を中心として業績が良好なので、企業に賃金を上げる余力がある。そして、ジョブマーケットが機能しているから、賃金を上げなければ、優秀な従業員を他の企業に引き抜かれてしまう。

商務省統計局（BEA）のデータによると、賃金給与総額の対前年同期比は、2021年第2四半期から急速に上昇し、以降第4四半期まで、13・4％、11・4％、10・0％と非常に高い伸びを示した。

他方で、物価も上昇している。2022年1月の消費者物価指数は、前年同月比7・5％の上昇となった。こうして、賃金と物価がともに上昇している。

日本でも、輸入物価が高騰している。対前年同月比は、2021年11月、12月に、45・3％と42・6％になった。その後30％台になったが、ロシアのウクライナ侵攻によって原油などの一次産品価格が上昇したので、輸入物価は22年4月には42・5％の上昇率となった。

他方で、2022年4月の消費者物価（生鮮食品を除く総合）の前年比は2・1％となった。食料品価格や電気代、ガソリン代などを中心に、値上がりが続いている。

問題は、これが賃金を上昇させるかどうかだ。

春闘で賃上げしても、経済全体の賃金は上がらず

物価上昇に対応して賃金が上がるかどうかを判断する目安として、まず春闘を見よう。

連合は、2022年春闘賃上げの1次集計の結果は2・14%だったと3月18日に発表した。前年に比べて0・3ポイント余り高く、2%超は3年ぶりだ。

図表6－1に示すこれまでの春闘賃上げ率と比較すると、22年の春闘賃上げ率は、新型コロナウイルス感染拡大の影響で低くなった21年の春闘賃上げ実績1・86%を上回るものの、19年までとほぼ同じ、あるいはやや低めだ。

消費者物価上昇率は2%を超えており、さらに上昇率が高まると予測されるので、賃金上昇率が2%だと、実質賃金上昇率はマイナスになる。つまり、春闘においては、物価上昇率が高まることに対応した賃上げは要求されていないことになる。

問題は以上にとどまらない。なぜなら、経済全体の賃金上昇率は、春闘賃上げ率より大幅に低くなる可能性が高いからだ。

これまでの実績が、図表6－1に示されている。2013年以降、安倍晋三内閣は春闘に

介入した。その結果、春闘の賃上げ率は、それまでの１・８％程度から２％を超える水準になった。しかし、春闘の対象は、電機や自動車といった製造業の大手企業だ。これは、全体の中のごく一部にすぎない。中小企業の賃上げ率は、もっと低くなる。

図表6-1　春闘賃上げ率と一般労働者賃上げ率

（単位：%）

	春闘賃上げ率	一般労働者賃上げ率
2013	1.80	−0.7
2014	2.19	1.3
2015	2.38	1.5
2016	2.14	0.0
2017	2.11	0.1
2018	2.26	0.6
2019	2.18	0.5
2020	2.00	0.6
2021	1.86	

（注）一般労働者の賃金の対前年増加率は「賃金構造基本統計調査」による
（出所）厚生労働省の資料より著者作成

２０１９年以前にも、春闘賃上げ率は２％を超えていたが、経済全体では、賃金はほとんど上昇せず、実質賃金の伸びはマイナスだった。

賃金の原資は付加価値であるから、企業の付加価値が増えない限り、賃金を上げることはできない。本章の２節で述べるように、中小零細企業では、今回の原価上昇を完全には転嫁できない可能性が高いので、賃金を上げることができない。

したがって、賃金上昇率が物価上昇率を下回り、実質賃金が低下することになる。

日米の賃金決定メカニズムの違い

日本の賃金決定メカニズムは、アメリカのそれと大きく異なる。

アメリカでは、会社での労使交渉の他に、ジョブマーケットでの需給によって一人ひとりの賃金が決まる。それに対して、日本にはそれに対応したマーケットがない。賃金は企業ごとにまとめて、労使の交渉で決められる。

アメリカでジョブマーケットがあるのは、従業員の企業間移動が頻繁に行われるからだ。日本にそれがないのは、多くの従業員が一つの企業に固定されていて、移動することが稀だからだ。日本のジョブマーケットは、ハローワークと、専門家のヘッドハンティングなどに限られる。

高度成長期においては、春闘によって賃上げ幅の「相場」が形成され、それによって大企業の賃金が決定された。それが中小企業に波及していくと考えられていた。しかし、その後、春闘の影響力は低下した。このため、仮に春闘で賃上げが実現しても、それが経済全体の賃金を引き上げることはない。

これは、すでに述べたように、安倍内閣時代に政府が春闘に介入して2014年以降2%を超える賃上げが実現したにもかかわらず、経済全体では実質賃金伸び率がマイナスになったことを見ても分かる。

連合は、22年の春闘で、当初、定期昇給を含めて4%程度の賃上げを求めた。しかし、これは、日本では過去四半世紀の間に実現したことがない数字だ。以下に述べる2つの理由によって、このような賃上げは不可能と考えられる。

日本で、物価が上がっても賃金が上がらない2つの理由

日本で賃金が上がらないと考えられる第1の理由は、労働需給が逼迫しているとは考えられないことだ。

ハローワークでの有効求人倍率を見ると、2020年以来1・1を下回る水準だったが、21年11月、12月には1・2を超えた。しかし、コロナ前に1・5を超えていたことを考えると、まだ低い。職業別に見ると、介護や建設関係では有効求人倍率が3を超える高い値になっているが、事務的職業では、0・4程度でしかない。

図表6-2　付加価値と賃金支払い額の推移（四半期）

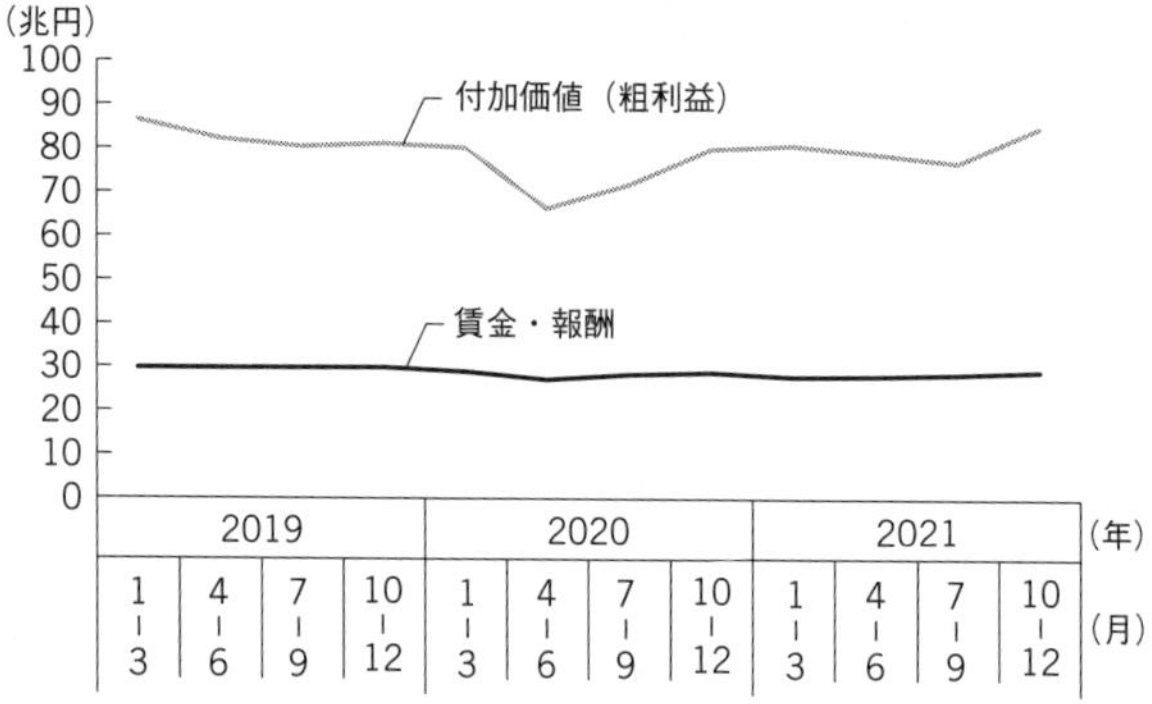

（出所）「法人企業統計調査」のデータより著者作成

アメリカのように、企業に雇われている人々が引き抜かれていくような状況ではないと考えられる。

賃金が上がらない第2の理由は、企業の従業員一人あたり付加価値が増加していないことだ。「法人企業統計調査」のデータ（金融業を除く全産業）によると、付加価値は、2020年4－6月期に新型コロナウイルス感染拡大の影響で落ち込んだが、企業は賃金カットをせず、賃金を一定に保った。21年10－12月期には付加価値がやや増加しているが、賃金支払い額はほぼ一定だ（図表6－2参照）。

輸入価格が顕著に上昇したのは21年10月頃からで、その影響はここには表れていない。原材料価格の上昇によって原価が上昇し、付加価値が減少している可能性が高い（この問題は、本章の2節で詳しく検討する）。

以上で見たような状況の中で賃金を引き上げれば、労働分配率を合理的な水準以上に引き上げることとなってしまう。

つまり、現在の日本で、企業に賃上げをする余力はないのだ。

日本人は「賃金が上がらない」より「解雇される」を恐れる

日本の賃金は企業ごとに決められるので、「過度な賃上げをすれば企業が立ち行かなくなる」という論理が受け入れられやすい。だから、労働組合としても、賃上げをそれほど強くは要求しない。また、個々の労働者にとっては、賃金が上がらないことよりも、解雇されることのほうが恐ろしい。

以上を考えると、企業に雇われている人々の賃金が、「物価が上がったから」というだけの理由で上がることはないと思われる。

だから、輸入物価の高騰に伴って消費者物価が上がっても、それが賃金に反映されることはないだろう。その結果、実質賃金が下がることになる。

では、原油価格や輸入価格は今後どのように推移するだろうか？　これにはウクライナ情勢も深く関わっており、本稿執筆時点では、見通すことが大変難しい。また、長期的に見ると、脱炭素との関係もある。高い上昇率は2022年中は続く可能性があるが、23年にはピークアウトし、上昇率が低下する可能性もある。

仮に高インフレが長期的には継続しないということであれば、労働者としてもあまり強く賃上げを求めないだろう。それよりは、雇用が継続されることを望むに違いない。このため、「賃金が上がらない」という状況が続きやすくなる。

他方、本章の最初に述べたように、アメリカでは、企業の好業績に起因する賃上げと物価上昇が、今後も継続する可能性が高い。

こうして、日本とアメリカの賃金格差がますます広がるだろう。

物価とともに賃金が上がったオイルショック時との決定的な違い

「1970年代のオイルショック時には、原油価格の上昇で物価が激しく上昇したのに対応して賃上げが行われた。それと同じことが今回も行われるのではないか」との意見があるかもしれない。

図表6-3 消費者物価と賃金などの対前年比の推移

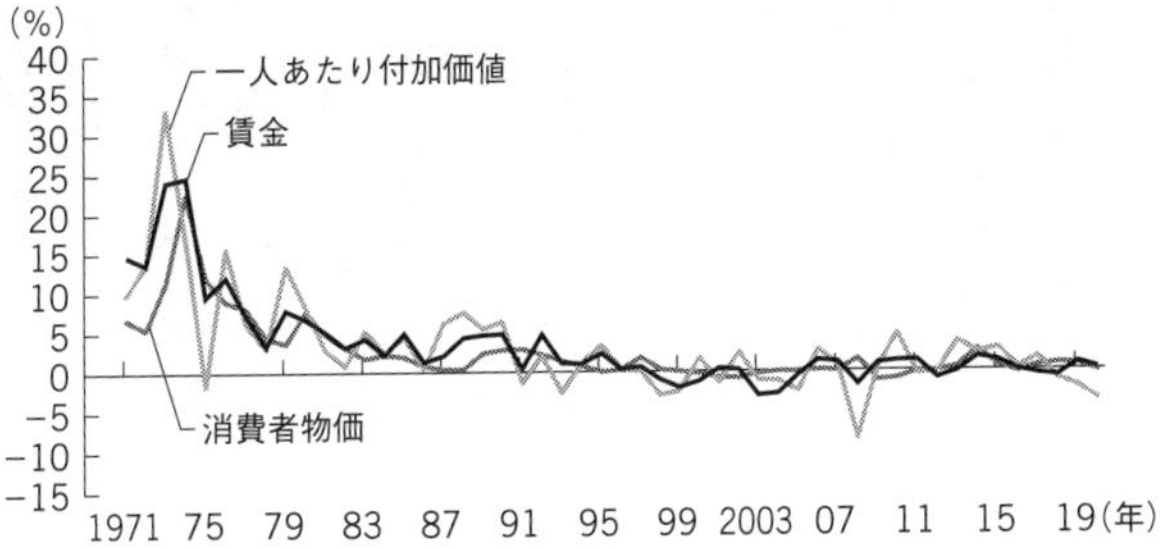

(出所)「法人企業統計調査」と消費者物価指数のデータより著者作成

オイルショック時の1973、74年に賃金が大幅に引き上げられたのは事実だ。しかし、このときには、従業員一人あたり付加価値が73年に大幅に増えたことが、賃上げを可能にしたと考えられる(図表6−3参照)。消費者物価の上昇に先立って一人あたり付加価値と賃金が上がっているという意味で、現在の状況とは異なる。

また、73年までも、毎年の賃金上昇率が10%を超える状況が続いていたことに注意が必要だ。しかも、賃上げ率が物価上昇率より高かった(実質賃金が上昇していた)。つまり、この時代には、「日本企業に活力があったので、賃金を引き上げられた」のだ。

以上のように、オイルショック時と現在とでは状況が全く異なる。

このため、アメリカの「高物価・高賃金」、日本の「低物価・低賃金」という状況が今後も続くだろう。

今回は、「物価は上がるのに、賃金は上がらない」という、労働者にとっては最悪の事態になる可能性が高い。

それだけではない。賃金が上がらないと消費が抑制され、企業の売上が増加せず、賃金がさらに低下する危険もある。こうなると、悪循環に陥る。

本来であれば、為替レートが円高になることによってこの状況を調整するはずであるが、本章の2節で述べるように日本銀行が金融緩和を続けているために、それが生じない。

2　円安がインフレを増幅する

なぜ今回は深刻なのか？　これまでの原油高、円安局面との違い

２０２１年秋以降の輸入物価の上昇率を高めている要因は、２つある。

第1は、原油価格を中心とする資源価格がドルベースで上昇していることだ。そして第2は、円安の進行だ。

コロナ禍からの回復に伴って、原油価格が上昇した。2021年10月に1バレル80ドルを超え、22年2月に90ドルを超えた。そして、3月に100ドルを超えた。その他の資源価格も高騰している。

2022年2月以降の情勢で重要なのは、つぎの2つだ。第1は、ロシアのウクライナ侵攻の影響で、原油をはじめとする資源価格の高騰が加速化したことだ。第2は、3月以降の急激な円安の進行だ。円安が進めば、円ベースでの輸入価格の上昇率はさらに高まる。

6月の輸入物価指数に、それがはっきりと現れている。対前年比は、契約通貨ベースでは25・8%であるのに、円ベースでは46・3%になった。つまり、円安の進行によって、価格高騰率が増幅されているのだ。

株価も円安を歓迎せず、むしろ、円安で下落するようになってきている。輸入価格の高騰による原材料価格の上昇を製品価格に完全に転嫁できず、企業の利益が減少するからだ。

2015年にも、1ドルが120円台の円安になったことがある。しかし、このときは、原油価格が1バレル40ドル台という低い水準だったので、大きな問題にはならなかった。また、2008年には、原油価格が120ドルを超えた。しかし、このときには、為替レートが1ドル100円程度だったので、これも大きな問題にはならなかった。今回は、原油価格の高騰と円安が重なっているので、国内物価に大きな影響が及んでいるのだ。

アメリカの利上げで、超円安が進んだ理由

これまで数年間の為替レートの推移を見ると、つぎのとおりだ。

ドル円レートは、2019年平均では、1ドル＝109・0円だった。20年には、アメリカがコロナ対策で金融緩和を進めたことから、106円台の円高になった。21年第1四半期の平均は、106・1円だった。その後、徐々に円安が進行し、21年第2四半期に109・4円、第3四半期には110・1円となった。第4四半期に113・7円となった。22年になってからは、ほぼ115円程度の水準が続いていた。

2021年第2四半期から円安に転じたのは、FRB（アメリカ連邦準備制度理事会）が、コロナ禍に対応した金融緩和から脱却し、金融正常化に向けての動きを始めたからだ。

これに対応して、各国の中央銀行は競って利上げを行った。イングランド銀行も韓国銀行も数次の利上げに踏み切った。

アメリカ利上げの影響は、各国ともに受ける。ただし、それに対応して利上げすれば、国内への影響は緩和される。以下に述べるように、日本は対応しなかったので、通貨減価の度

合いが大きくなったのだ。

急激な円安は、日米金融政策の差による

２０２２年３月中旬以降、異常といえるほど急激な円安が進行した要因は、日米金利差の拡大だ。３月16日に、ＦＲＢは、政策金利を０・２５％引き上げ、０・２５〜０・５０％とした。

これに対して、日本銀行は、３月17日、18日の金融政策決定会合で金融緩和継続を決めた。黒田総裁は、「円安が日本経済にとって望ましいという構造は変わらない」とした。さらに、長期金利を上限値０・２５％に抑えるために、国債の買いオペを行うとした。

３月21日には、ＦＲＢのパウエル議長が、今後は利上げをスピードアップし、一回で０・５％の引き上げもあり得るとした。これを受けて、アメリカの中・長期債の利回りが急上昇した。

世界の中央銀行が、アメリカの利上げに対応すべく、競って金利の引き上げを行っている中で、日本だけが低金利を継続すると表明したため、円が急落した。３月９日までほぼ１ドル＝１１５円台だったものが、３月10日に１１６円台、15日に１１８円台、22日に１２０円

台となった。4月11日には125・47円となった。2021年を通じての変化とほぼ同程度の変化が、数週間で生じたのだ。

日銀は4月28日の金融政策決定会合でも、金融緩和維持を決め、かつ長期金利を抑えるための国債の買いオペを連日行うとした。そして、5月4日には、FRBが政策金利を0・5%引き上げ、0・75~1・0%とした。このため、1ドル=128円だった円が急落し、夕方には131円になった。

ウクライナ侵攻が始まった2月下旬以降、エネルギー関連の価格は一段と上昇した。これが続くと、後で見るように、日本の経常収支赤字が定着し、それがさらに円安を誘うという可能性も出てきた。

3　円安が国益であるはずはない

「円安が望ましい」という誤解

そもそも、円が安くなるとは、日本人の労働の価値が国際的に見て低く評価されることを意味する。本来であれば、そんなことを喜ぶ国民はいないはずだ。

ところが、日本では、「円安が国益だ」という誤った考えが、ごく普通に信じられてきた。「円安になると、企業の利益が増えるから、企業にとって望ましいことだ」と、多くの人が考えてきたのである。

円安が企業の利益を増大させるのは、事実だ。これは、つぎのようなメカニズムによる。

いま、簡単化のため、日本の輸出品はドル表示での現地価格が決まっているとしよう（例えば、日本車をアメリカの国内市場でいくらで売るかは、為替レートとは独立して、アメリカ国内の事情で決まるだろう）。

円安が進めば、円表示での輸出品価格は上昇する。だから、輸出企業の円表示の売上高は増える。だから、輸出産業の利益が増える。

大幅な円安になれば、ドル建ての現地価格を引き下げ、販売量を増やすことが可能になるかもしれない。いずれにせよ、円表示の売上高は増える。そして、利益も増える。

しかし、このメカニズムには2つのトリックがある。

第1に、輸入品の価格も円安によって上昇するので、原材料価格も上昇する。その影響を考えれば、企業の利益が必ず増えることにはならないはずである。それにもかかわらず利益が増えるのは、企業が原材料価格の上昇を製品価格に転嫁してしまうからだ。

第2のトリックは、円建ての売上高が増加しても、企業が国内労働者の賃金を引き上げないことである。これによって、ドルで評価した賃金は低下することになる。国際的に取引を行っている企業としては、賃下げをしたのと同じことになる。

円安になると、企業利益が増加するのは、この2つのトリックがあるためだ。結局のところ、「消費者と労働者の犠牲によって、企業利益が増加する」のである。

しかし、こうしたメカニズムが働いていることに、人々は気づかない。そのため、消費者が価格転嫁に反対することはない。また労働者も、ドルベースでの賃金が下落することに気づかず、反対しない。

こうして、企業の立場からすると、円安になれば、自動的に利益が増えることになる。これによって利益を得るのは、企業の保有者、つまり企業の株主だ。

ここで注意すべきは、円高になると、以上とは逆の現象が起きてしまうことだ。賃金は、円高になったからといって減らされることはない。したがって、企業の利益は減少することになる。2000年以降、円安政策がとられてきたが、円高が進んだときもある。したがって、企業の利益が傾向的に増えたわけではない。

企業の利益が増えても、国全体の利益にはならない

前項で述べたように、円安が企業の利益を増やすのは、ある種のトリックによる。繰り返すが、ここで重要なのは、円安になれば、輸入原材料の価格も上昇することだ。もし貿易収支がゼロであれば、輸出額の増加と輸入額の増加は打ち消しあって、国全体としてはもちろん、企業全体にとっても、円安はプラスでもマイナスでもないはずだ。

ところが、前項で述べたように、企業は原材料価格の上昇を製品価格に転嫁する。そして、最終的には消費者の負担としてきた。しかも、円建ての輸出売上高が増加するにもかかわらず、それに合わせて賃金を上げることもなかった。

円安が企業の利益を増加させるのは、このようなメカニズムによる。このため、円安が企業にとって望ましいと考えられてきたのだ。

しかし、本章の2節で述べたように、2021年秋からの円安に関しては、これまでとは違う事情が発生している。

輸入価格の上昇が激しく、また新型コロナウイルスの感染拡大の影響で消費需要が弱まっているため、企業が原材料価格の上昇を完全には価格に転嫁できないのだ。

民主党政権も円安を求めた

「円安が望ましい」という考えが日本で支配的になったのは、1990年代の後半からだ。

この頃、中国が工業化に成功して、安い労働力を使って、安価な工業製品を大量に世界に供給し始めた。

これは先進国の製造業に大打撃を与えた。ところが、日本は、「安売り戦略」でこれに対応した。つまり、賃金を抑え、為替レートを円安に導く。そして、ドルベースでの輸出価格を引き下げる。それによって、中国の安い工業製品に太刀打ちしようとしたのだ。

こうした円安・賃金抑制政策によって、高度成長を支えた重厚長大型製造業をそのままの形で残すことができ、それらの産業の雇用も維持できると期待した。

しかし、実際には、企業は技術開発を怠り、生産性が低下した。また、古い産業が淘汰されずに残ってしまった。結局のところ、古い産業を残して、雇用を維持したのだ。

2010年頃には、円高が進み、それが日本経済の「六重苦」の一つになっているとの声が産業界から上がった。当時の民主党政権は、本来であれば、労働者の立場から円高を是認する政策をとるべきだった。しかし、懸命になって円安誘導を試み、日本の労働者の国際的な価値を低下させたのである。

本来は、いかなる対応をすべきだったのか？ それは、円安と賃金抑制に頼るのではなく、「新技術を開発し、新しいビジネスモデルを開発することによって、利益を確保すること」だ。

これは、実際に起こったことだ。1970年代から80年代にかけての期間では、日本経済の発展に伴って円高が進んだ。このとき、日本企業は新しい製品を開発することによって、円高に対応したのである。その結果、世界経済における日本経済の地位が高まっていったのだ。

日本の失敗は、円安という麻薬に頼ったこと

たとえていえば、円安は麻薬のようなものだ。技術開発と産業構造の転換をせずに、雇用を維持することができる。

産業構造の改革という「手術」が必要だったにもかかわらず、それがもたらす痛みを回避し、「円安」と賃金固定という「麻薬」に頼って、古い産業構造と古い企業を温存したのだ。

つまり、日本は、経済成長と賃金上昇ではなく、古い産業構造の温存と雇用の維持を優先したことになる。

世界が新しい経済に向かって変化していく中で、日本は変化しないことを望んだのだから、日本の地位が下落するのは、当然のことだ。痛み止めの麻薬を20年間飲み続けて、とうとう足腰が立たなくなったのが、現在の日本だ。円安こそが、日本衰退の基本的な原因だ。

そしていま日本は、先進国の地位から滑り落ちようとしている。改革は、待ったなしの段階に達した。

今回の円安が従来と違う理由

企業にとって、これまでは、円安になれば利益が増えるという意味で、「円安はいいこと」だった。しかし、いま、企業にとっても「円安が悪いこと」になってきている。

企業は、原材料価格の上昇を、完全に転嫁できない。だから、付加価値が増えない。こうして、企業の立場から見ても、円安が望ましいとはいえなくなってきているのだ。

ところで、「完全には転嫁できない」とは、「転嫁されていない」ということではない。実際、消費者物価が上昇している。これは、かなりの転嫁がなされていることを意味する。

ところが、1節で述べたように、物価は上がっても、賃上げはできない。したがって、実質賃金の伸び率がマイナスになることが、避けられない。さらにいえば、わずかでも賃金が上がる人はまだよい。収入が全く増えず、物価上昇の影響を受けるだけの人も多い。

今回の円安は「悪い円安」だといわれる。今回の円安がこれまでと事情が違うことは間違いない。しかし、もともと、国全体の立場から見れば、「良い円安」などあり得ない。

本節で強調したように、円安になれば企業利益が増えるのは事実だが、それは、円表示の売上が増えるにもかかわらず賃金を一定に保ち、他方で輸入価格の上昇による原材料価格の上昇を消費者に転嫁するからだ。「良い円安」といっている人は、このメカニズムを無視しているだけのことだ。

通貨安の恐ろしさが、日本でもようやく理解される

韓国は、通貨価値の下落によって国が破綻しかねない事態に直面した。そうした経験があるために、国民は、自国通貨安に対して強い危機感を持っている。

ところが、日本人はそうした経験をしていないので、「円安が経済のためによい」という間違った考えが信じられ、自国通貨安を歓迎するという不思議な状況がこれまで続いてきた。

そして、自国通貨安が国益であるはずがないにもかかわらず、日本はこれまで20年間にわ

たって円安政策をとり続けてきた。

しかし、価格転嫁が不十分にしかできない事態に直面し、やっと円安問題の本質が理解されるようになってきた。「通貨安が経済を破壊しかねない」という認識が、日本でもようやく広まりつつある。

4　日銀は金融緩和から脱却し、円の価値を守れ

物価対策という対症療法の前にまずすべきこと

物価高騰という事態に対して、政府は物価対策を講じている。

しかし、政府の物価対策は、ガソリン価格の抑制など、補助金に頼る断片的な対症療法の寄せ集めにすぎない。これは、物価高騰の原因に対処しようとするものではない。このような小手先の対症療法をいくらやっても無意味だ。

効果がないだけではない。補助の対象となるものとそうでないものとの間で、不公平が生じる。例えば、ガソリン価格は抑制されるが、電気代は値上がりする。しかも、ガソリン価格抑制のために巨額の財政資金が使われる。

物価が急上昇する原因は、「資源高」と「円安」なのだから、これに対応しない限り、物価上昇を防ぐことはできない。

この2つの原因のうち、原油価格などの資源価格については、残念ながら、日本にはいかんともしようがない。しかし、円安については、コントロールすることができる。いまの日本で最も重要なのは、金融緩和から脱却して、円安進行を食い止めることだ。

ところが、日銀は、円安を放置するだけでなく、積極的に金利を抑制して日米金利差を拡大し、円安を進めている。他方で、政府は個別の物価のために財政資金をつぎ込んでいる。

この状況は、たとえれば、アクセルを力一杯に踏み込んだままで、「危ない！　これでは衝突する」と叫んでいるようなものだ。

衝突を避けるには、まずアクセルから足を外さなければならない。そして、ブレーキペダルを踏み込む必要がある。この当たり前の動作を、一刻も早く実行しなければ、車は衝突してしまう。

円安スパイラルをぜひとも阻止せよ

アメリカでは今後も賃金の上昇が続き、それによる物価上昇が続く可能性がある。しかし日本では、すでに述べたように賃金が上昇しないので、物価上昇率は、これまでと同じように、輸入価格の動向によって左右されるだろう。

原油をはじめとする資源価格がどうなるかは、様々な不確定要因があって読みにくい。だが、いずれはドル建て価格の対前年比が低下することが期待される。

しかし、円安は継続する危険がある。実際、円の実質価値は、すでに固定相場制時代にまで逆戻りしている。

日本の金融政策いかんによっては、円安が長期化する危険がある。それだけでなく経常収支の赤字を通じて、円安スパイラルに落ち込む危険がある。

日銀は中央銀行本来の使命に戻れ

急激な円安が進行したのは、すでに述べたように、日銀が長期金利抑制の姿勢を強く打ち出したからだ。このため、「円安が円安を呼ぶ」というスパイラル現象が起きた。

しかし、金利抑制策は、日本経済に何のメリットも与えていない。むしろ、金融機関の経営を圧迫するなどネガティブな影響が強い。こうした政策から一刻も早く脱却して、円安スパイラルを食い止めることが必要だ。

通貨価値を守ることは、中央銀行の最も重要な責務だ。そもそも、中央銀行が設立されているのは、自国通貨の価値を守るためだ。日本銀行は、その最も重要な責務を放棄している。いまこそ中央銀行の原点に戻る必要がある。

日銀が「通貨価値安定」という中央銀行本来の使命に戻り、金利抑制策からの転換を明言すれば、事態は大きく変わるだろう。

ただし、口先介入だけでは不十分で、為替市場への介入が必要とされるとの意見もある。そして、為替介入には、アメリカの承諾を求める必要があるので難しいという見方がある。しかし、自国通貨の価値を守るための介入に外国の許可が必要という考えは理解できない。ただし、円高に向けての為替介入が容易でないことは事実だ。

これまで行ってきたのは、円安誘導の介入だ。円を売ってドルを買うのは、簡単にできる（政府短期証券を発行して調達した円資金を用いて、為替市場でドルを買い入れる）。2003～04年には、総額35兆円を超える大規模な円売りドル買いの介入が行われた。

それに対して、円高誘導の介入は、外貨準備の範囲内でしかできない。だから、限度がある（2021年9月末における日本の外貨準備高は、1・4兆ドル）。

消費者と労働者の利益を守る政治勢力が存在しない

本章でこれまで見てきたように、経済政策の基本を転換する必要性は、一刻も猶予できない焦眉《しょうび》の急となった。

これまで、円安は企業の立場からは望ましいと考えられていたため、円安政策からの転換が、政治的に難しかった。しかし、すでに述べたように、現在は、企業にとっても円安が望ましくないものとなっている。

政治の場でも、物価問題が最大の争点となるだろう。そこでの議論を、バラマキ的な物価対策のレベルで終わらせてはならない。円安政策からの転換という本質的な問題が争点となることを期待したい。

いまの状況を政治的に見れば、本来は野党にとっての絶好のチャンスだ。政府の政策が必要とされる方向とは全く逆のものになっていることを批判し、国民生活を守るために自国通貨の安定化を求めれば、支持を拡大できるだろう。ところが、野党はそのような問題提起をしていない。国民の立場から最も望まれている政策を打ち出していないのだ。

日本政治の根本的問題は、消費者と労働者の利益を守る政治勢力が存在しないことだ。これこそが、日本の最大の悲劇である。

第6章のまとめ

1 アメリカでは、賃金と物価が上昇している。日本では、物価は上昇するが、賃金は上昇しない。なぜなら、第1に、労働需給が逼迫していない。第2に、企業の業績が悪く、賃金を上げる余力がない。

2 ウクライナ情勢の悪化によって資源価格が高騰し、そのうえ円安が進むので、日本は物価高の洪水に巻き込まれる。そして、円安がそれを加速する。2022年3月中旬から、異常なスピードで円安が進んでいる。アメリカの利上げに対応して各国が利上げしているが、日銀は円安を是としているからだ。

3 円安が企業利益を増大させるのは、輸入価格の上昇を製品価格に上乗せして消費者に転嫁し、かつ、売上が増大しても賃金を増やさないからだ。「円安が国益」という誤った考えから脱却する必要がある。

4 金融緩和政策から脱却し、円の価値を守ることが緊急の課題だ。資源価格高騰が収まっても、円安が止まらない危険がある。対症療法的な物価対策ではなく、一刻も早く円安政策から脱却すべきだ。

第7章

どうすれば日本人の賃金を上げられるか？

1 なぜ政策で賃金が上がらなかったのか？

賃金を上げるための、たったひとつの道

第2章で見たように、日本の賃金水準は他の先進国に比べると低い。しかも、他国の賃金が上昇していく中で日本の賃金は停滞しており、取り残されている。この状態が続けば、様々な問題が発生する。

では、日本の賃金を引き上げるにはどうしたらよいか？　それは、これまで述べてきたことから明らかだ。つまり、「就業者一人あたりの付加価値（生産性）」を引き上げることが必要だ。

そのためには、企業が新しい技術を開発し、新しいビジネスモデルを見いだす必要がある。また、日本の産業構造を新しくする必要がある。それらを実現するには、本章の2節で見るように、日本社会の仕組みを根底から改革しなければならない。だから、決して簡単に実現できることではない。

しかし、こうしたことが行われずに、日本の賃金が上がるはずはない。

以下に列挙するのは、これまで賃金引き上げのための方策として、提案されたり、政府によって導入されたりしてきたものだ。しかし、これらの政策は、「就業者一人あたりの付加価値の増加」には寄与しないので、有効な政策とはなり得ない。

安倍内閣の春闘への介入や、賃上げ税制が奏功しなかったのは、なぜか？

安倍晋三内閣が賃金引き上げ対策として行った主要な政策は、春闘への介入であった。しかし、これが経済全体の賃金引き上げに寄与しなかったことは、第6章の1節で述べたとおりだ。

安倍内閣が行ったもう一つの賃金引き上げ政策は、賃上げ税制の導入だ。これは、賃金を引き上げた企業に対して、賃上げ額の一定率に相当する額を、法人税で税額控除する制度である。しかし、税額控除を行っても、現在の控除率では、企業にとっての負担が増加することに変わりはない。このため、この制度は、ほとんど使われていない。

賃上げ税制が利用されない大きな原因の一つは、賃上げをすれば、社会保険料の雇用主負担も増えることだ。どの企業も、賃上げにあたって、この点を重視している。そして、この負担増は、現在の税額控除では、補えない。

税額控除の率を著しく高くすれば、社会保険料の雇用主負担を含めても、企業の負担を軽減することができる。

しかし、そのような過度な補助を与えれば、過剰な賃金が支払われることになり、最適な賃金水準からの乖離が大きくなる（最適な賃金水準とは、第5章の3節で示したモデルから算出される水準）。

過剰な賃金が支払われれば、資本蓄積が阻害される。ところが、第5章の3節で述べたように、資本装備率が低下すれば賃金は低下する。つまり、長期的な賃金水準は低下してしまうのだ。

最低賃金引き上げや同一労働同一賃金は、見かけ上の効果しかない

最低賃金を引き上げれば、表面的に見れば、すべての就業者の賃金がそれ以上の水準になる。

しかし、これは、すべての人々が豊かになることを意味するものではない。なぜなら、最低賃金以上の就業者の賃金が引き下げられることもあり得るからだ。あるいは、引き上げられた最低水準未満の賃金でそれまで働いていた就業者が、職を失う可能性もある。

これまで何度も強調してきたように、付加価値の総額が増えずに賃金支払い額の総額が増えることは、あり得ない。最低賃金引き上げの効果のほとんどは、見かけ上のものだ。

同様のことが、「同一労働同一賃金」についてもいえる。雇用形態の違いによる待遇差の改善のために「同一労働同一賃金」の原則確立が必要とされ、日本でも、「パートタイム・有期雇用労働法」が２０２０年４月１日から施行された。

しかし、この措置を導入しても、非正規労働者の賃金が引き上げられる保証はない。正規労働者の賃金が引き下げられることになる可能性がある。

「非正規労働者が多いから、賃金が低くなる」という意見がある。表面的には確かにそのとおりなのだが、これは、原因と結果を取り違えた議論だ。因果関係としては、「企業の生産性が低いために非正規労働者に頼らざるを得ない」のだ。

２　賃金を上げるためにまず行うべきこと

「分配なくして成長なし」でなく「成長なくして分配なし」

１節で挙げたような政策をいくら行っても、賃金を上げることはできない。では、どうすれば賃金を上げることができるのか？

具体的な政策は本章の3節、5節、6節で論じるが、それに先立ち、全体の見取り図を描いておこう。

岸田文雄内閣は、「分配なくして成長なし」としている。

適正な分配は大変重要な課題だ。しかし、いかに適正な分配が実施されたとしても、それによって自動的に成長が実現されるわけではない。だから、賃金も上がらない。経済が全体として成長しなければ、貧しさを分かち合うことになってしまう。

だから、本当は「成長なくして分配なし」と考えるべきだ。そして、打ち出の小槌はないことを理解し、安易なバラマキ政策から脱却することが必要だ。

日本社会の構造を新しいものに改革するには、古い体制から利益を受けている既得権を打破することが必要だ。そのためにとくに重要なのは、既得権を保護している規制を緩和、あるいは撤廃することだ。

ただし、公正な分配と成長とは、相反する課題ではない。既得権打破や規制緩和は、成長のために必要とされるだけでなく、公正な分配を実現するためにも必要なことだ。

これまで何度も述べてきたように、賃金を引き上げるために必要とされるのは、就業者一人あたりの付加価値生産を増加させることだ。そのために重要なのは、技術革新を進めることだ。そして、新しいビジネスモデルを確立し、新しい産業を興すことだ。

この過程で、デジタル化の促進は重要な意味を持つ。日本の現状に即していえば、脱・印鑑を進めるだけで、仕事の効率は著しく向上するだろう。

ただ、これまでの仕事のやり方を改革するだけでは十分でない。さらに進んで、新しいタイプのデータである「ビッグデータ」の活用を図るべきだ。その際、金融データの活用は、日本において重要な課題になるだろう。それによって、データドリブン経営（リアルタイムのデータをフィードバックしながら企業を経営すること）を実現することができる。

これらについての具体的な内容は、本章の７節で論じることとする。

年功序列的な給与体系や退職金はいまのままでいいのか？

変化に対して柔軟に対応できる社会制度を作ることが必要だ。このため、労働市場の流動化を進め、就業者の組織間流動性を高めるための措置を講じるべきだ。これによって、働く人々が一つの組織に固定される社会から脱却し、開かれた組織が実現できる。

日本の年功序列的な賃金体制と退職金制度は、働く人々を生涯にわたって一つの組織に縛り付ける結果をもたらしている。これを改革し、転職しても損にならないような仕組みを作ることが必要だ。とくに、退職金制度の見直しが求められる。

この問題は、本章の5節と6節で述べる。

税制や社会保障制度も、組織から独立して働くことの障害になっている。こうした制度を改革し、組織に頼らず独立して働けるような仕組みを作るべきだ。

また、日本の税制は、女性の社会的活動を妨げる働きをしている。これを是正するため、所得税の配偶者控除制度を見直す必要がある。この問題は本章の3節で論じる。

また、組織間の流動性を高めるために、労働市場の整備が必要だ。

個人の能力を高めるために、高等教育を改革

賃金水準は、年齢、性別とともに、学歴によって大きく左右される。学歴は努力によって獲得できるものだから、学歴に基づいて個人の能力が正当に評価されるのは、望ましいことだ。

学校教育だけでなく、就職してからも、一人ひとりが学び直しによって能力を高めることができる。そのため、リカレント教育やリスキリングを充実することが必要だ。

高等教育に関して、日本の現状は決して満足のいくものではない。

第1に、経済的な制約によって大学進学ができない場合がある。日本の奨学金制度は、十分なものとはいえない。能力のある人間が、経済的な負担を最小限にとどめつつ大学教育を受けられるような制度を作ることは、日本の長期的な発展にとって不可欠の課題だ。

大学の側にも問題がある。日本の大学は、時代の変化に即した研究・教育を行う体制にはなっていない。大学制度を根本から改革することが必要だ。

労働力の減少にどう対処するか？

日本は労働力の量的側面で、きわめて困難な条件に直面している。高齢化が今後も進み、労働力人口が減少するからだ。労働力不足の問題は、今後ますます深刻化する。これにいかに対処するかが、重要な課題だ。

この問題は、これまで論じてきた賃金の問題と密接に関わっている。賃金を引き上げるために必要とされる諸施策は、同時に労働力不足という問題の解決にも寄与する。

とくに重要なのは、女性の社会参加を促進することだ。この問題は、本章の4節で論じる。

また、高齢者の就業を促進することや、外国人労働者の受け入れを増やすことも重要な課題だ。

以上で述べた課題に対処するのは、決して簡単なことではない。現在の制度を改革したり、規制緩和を進めることに対しては、既得権益者からの強い反対があるだろう。それと戦うことが必要だ。これは、場合によっては、日本社会の基盤を覆すような大きな改革だ。

こうした問題は、最終的には政治の場において決定される。ところが、前章にも書いたとおり、残念ながら、現在の日本では、働く者の立場に立つ政治勢力がきわめて弱い。存在しないと言っても過言ではない。新しい政治勢力の誕生を、期待したい。

3　税制は働き方を変える

「主要国中で日本だけが平均賃金下落」の背景

税制は人々の働き方に大きな影響を与える。それを示すのが、つぎのようなデータだ。

「日本の賃金は、長期にわたって停滞している」と第2章の1節で述べた。しかし、「毎月勤労統計調査」のデータを見ると、図表7－1のように、1990年代の中頃以降、停滞し

図表7-1 日本の平均賃金指数の推移（2020年＝100）

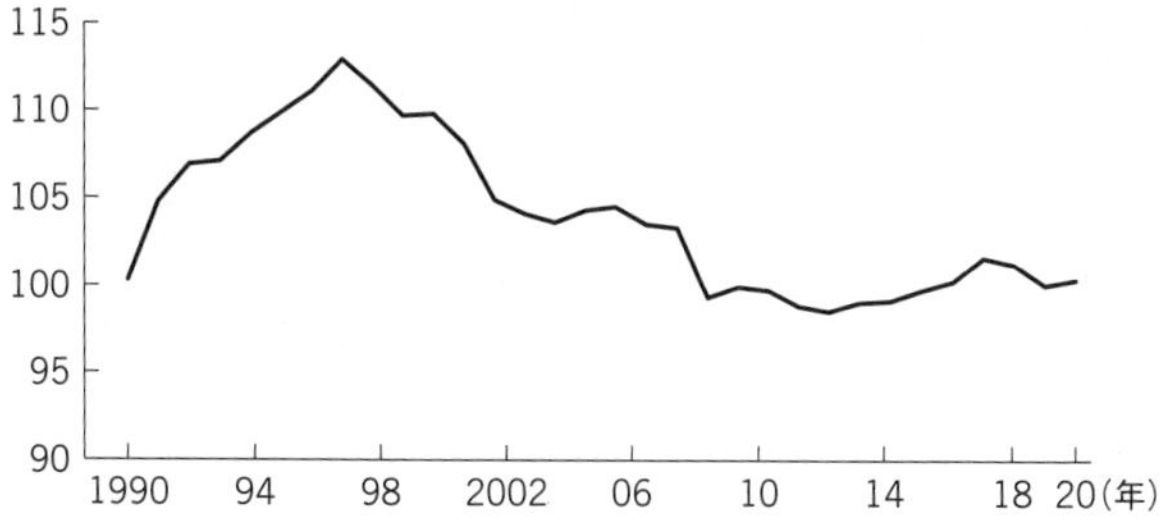

（注）現金給与総額、5人以上の事業所
（出所）「毎月勤労統計調査」のデータより著者作成

ているというより、かなり顕著に下落している。２０００年の１０９・８から20年の１００・０まで、８・９％もの下落だ。

次ページ図表７－２に示すＯＥＣＤの賃金統計で見ても、同じ傾向が見られる。日本の年平均賃金は、２０００年の４６４万円から20年の４４０万円まで、５・２％下落した（毎月勤労統計調査のデータよりこちらの方が下落率が低い理由は、後で述べる）。

右に見たような賃金の長期的下落は、他の国では見られない現象だ。

第２章の１節ではＯＥＣＤが示すいくつかのデータのうちドル換算値を見たのだが、自国通貨建ての計数を見ても、つぎのように、２０００年から20年の間に、多くの国で、賃金が著しく上昇している。

フランス48・７％、ドイツ52・０％、イタリア31・

図表7-2　日本の平均年賃金の推移（OECDデータ）

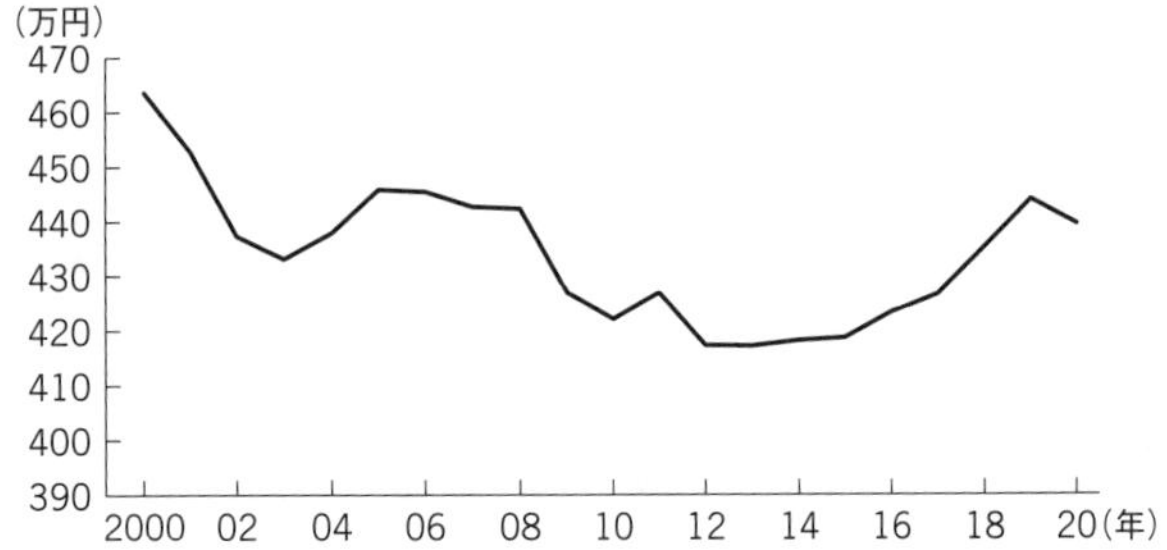

（出所）OECDのデータより著者作成

7％、韓国118・4％、イギリス65・3％、アメリカ78・1％。

主要国の中で日本だけが低下しているのは、日本経済が深刻な病を抱えていることの結果ではないだろうか？　真剣に考えるべき問題だ。

なお、右に見たのは自国通貨建ての数字なので、日本の場合に為替レートが円安になっていることの直接的な影響はない（市場為替レートで比較すると、円安の影響が加わるので、日本の賃金の低下傾向は、右に見たよりさらに大きくなる）。

社員もパートも賃金は下がっていないのに、なぜ平均賃金が下がるのか？

多くの人は、「賃金が上がらない」とは思っているだろうが、図表7－1、7－2に見るほど下がっ

図表7-3　一般労働者とパートタイム労働者の賃金指数の推移

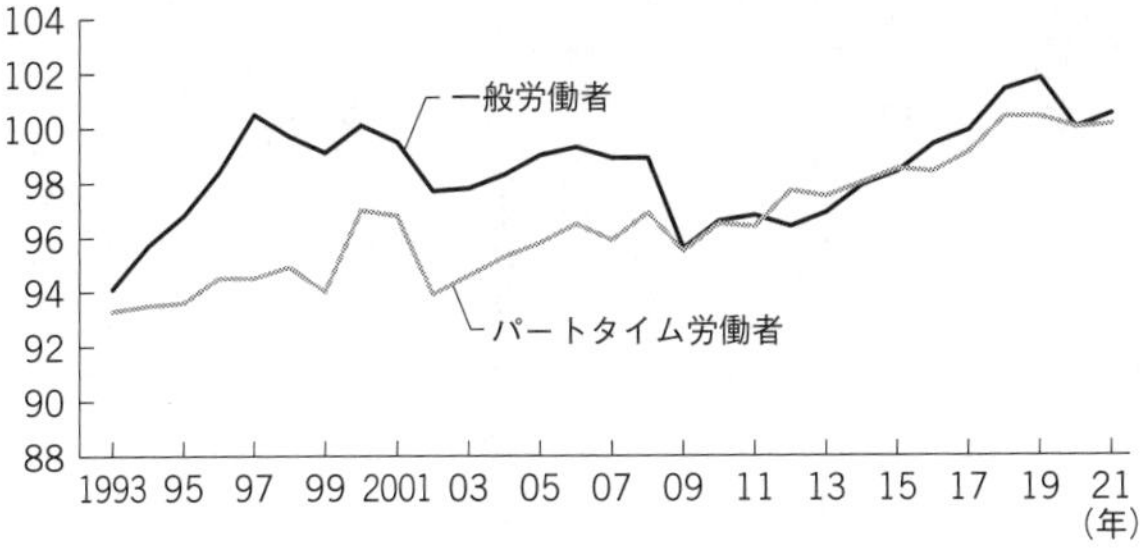

(注) 現金給与総額、5人以上の事業所
(出所)「毎月勤労統計調査」のデータより著者作成

たとは実感していないだろう。実感と統計の数字との間で、なぜこのような乖離が生じるのだろうか？

一つの理由は、日本の賃金体系は年功序列的で、歳をとるほど上昇することだ。したがって、社会全体の賃金が下がっても、個人の賃金は上昇することが多い。このため、経済全体の賃金低下が大きな問題として意識されないのかもしれない。

しかし、図表７－１、７－２で見たように日本の平均賃金の下落は厳然たる事実なのだから、その原因を解明する必要がある。

そこで、一般労働者とパートタイム労働者に分けて推移を見ると、図表７－３のとおりだ。

パートタイマーの賃金は、継続的に上がっている。一般労働者も、傾向的に下がっているわけではない。２００７年頃までは停滞したが、13年頃からは上昇している。

このように一般労働者もパートタイマーも賃金が格別に下がっていない。それなのに、全体で見ると、なぜ平均賃金が下落してしまうのだろうか？

これは、知的なパズルとしても興味ある問題だが、それだけではない。ここには、日本の賃金事情の大きな問題が隠されている。

パートが増えるので平均賃金が下がる

右の問題を解く鍵は、パートタイマーの増加にある。これについて以下に説明しよう。

例えば、これまで100の賃金の人が2人いたとする。そこに、これまで働いていなかった人が、この2人の労働時間が半分で50の賃金で働くようになったとする。この場合、このグループの平均賃金は、100から、250÷3＝83.3に下がる。

下がる原因は、3人目の人（パートタイマー）を、最初の2人（一般労働者）と同じように扱って、全体の労働者数を3人と数えたからだ。

この場合には、労働時間あたりの賃金は下がっていないので、平均賃金の低下は、ある意味では、見かけ上のものということができる（ただし、第3の人が、本当は長く働きたいのだが、何らかの理由でそうできないのであれば、大きな問題だ。これこそが、ここで論じたいことだ。この問題は後で論じる）。

平均賃金を計算する際、このことを調整する方法がある。これが、第２章の６節で説明した「フルタイム当量」（ＦＴＥ）だ。

右の例の場合には、パートタイマーは０・５人と数え、労働者数は２人から２・５人になったと考えるのだ。その場合には、平均賃金は１００から、250÷2.5＝100 になるわけで、変化はないということになる。

なお、いまの例の場合、賃金所得の総額は増える。したがってＧＤＰも増える。他方、国民数は不変なので、一人あたりＧＤＰは増えることになる。

平均賃金では日本より韓国のほうが高いのに、一人あたりＧＤＰでは日本はまだ韓国に抜かれていないのは、一人あたりＧＤＰの場合には分母が総人口であることの影響が大きい。

日本ではパートタイム労働者の比率が増加している

パートタイム労働者の比率は、日本では顕著に上昇している。

それに対して、他国では、さほど増えていない。ＯＥＣＤのデータによれば、２０２０年におけるパートタイム労働者とフルタイム労働者の比率は、つぎのとおりだ。

日本が25・8%、韓国が15・4%、OECD平均が16・6%。

OECDの賃金統計は、フルタイム当量によるものだ。それに対して日本の賃金統計は、フルタイム当量で計算していないので、平均賃金の下落が大きく見える。これが、図表7―1の下落率が図表7―2の下落率より大きくなる原因だ。

OECDの統計は、フルタイム当量によるものであるにもかかわらず、日本の平均賃金が下落している。これは、パート就業者は、単に「就業時間が短い」だけでなく、「時間給も低い」ことを意味する。これは、先程の例で、3人目の人が労働時間が半分だが賃金が40だとしたら、フルタイム当量で計算しても、平均賃金は100から、240÷2.5＝96に下がることを考えれば、分かるだろう。

これが、日本の就業構造の大きな問題点だ。つまり、労働時間が短いだけでなく、時間給も低い就業者が増えているのである。

では、なぜそうした就業者が増えるのだろうか？　これには、税制が大きな影響を与えている。

税制の見直しで女性の社会参加を促せ

図表７－１でも７－２でも、２０１８年頃に賃金が上昇している。これは、18年に行われた税制改正の影響だ。具体的にはつぎのとおり。

従来は、配偶者の給与収入が１０３万円を超えれば、配偶者控除を受けることができなかった。そこで、パートなどで働く人は、労働時間を抑えて働いていた。これが「１０３万円の壁」といわれてきたものだ。

このように、税制は、働き方に大きな影響を与える。日本の場合に女性の就業がパートタイムを中心にしたものになってしまうのは、このような税制の存在が大きな原因だ。

ところが、18年の改正で、配偶者の給与収入が１０３万円を超えても、１５０万円までなら配偶者控除と同額の配偶者特別控除を受けられることになった。そして、２０１万５９９９円までであれば控除を段階的に受けられるようになった。

この改正に対応して、多くのパートタイマーが労働時間を増やしたのだ。このため、平均賃金が上昇した。

ただし、いまでも配偶者控除制度による制約は残っているのだから、本当はもっと働きたい人が、労働時間を抑えている可能性が否定できない。労働力が減少する社会において、このような制度の存在は、大きな問題だ。

配偶者控除という制度は、「女性は専業主婦」という時代の名残だ。こうした制度を変えることによって、女性の社会参加を増やすことが可能だろう。

4 「日本人の6割近くは働いていない」という衝撃の事実

通常の「労働力率」は、実態を表していない

一国の人口のうちどれだけの人が労働力になっているかを示すために、通常使われるのは、「労働力率」という指標だ。これは、15歳以上人口に対する労働力人口（働く意思のある人）の比率だ。

労働力調査によれば、日本の労働力率の推移は、図表7－4に示すとおりだ。

男性は低下気味。それに対して、女性は2013年頃からかなり顕著に上昇している。男女計では、12年頃までは緩やかに低下していたが、15年頃から上昇している。20年では、男女計で62・0%、男が71・4%、女が53・2%だ。

男性の数字が低下してきたのは、高齢者の比率が上昇しているためだ。これが人手不足を

図表7-4　労働力統計による労働力率の推移

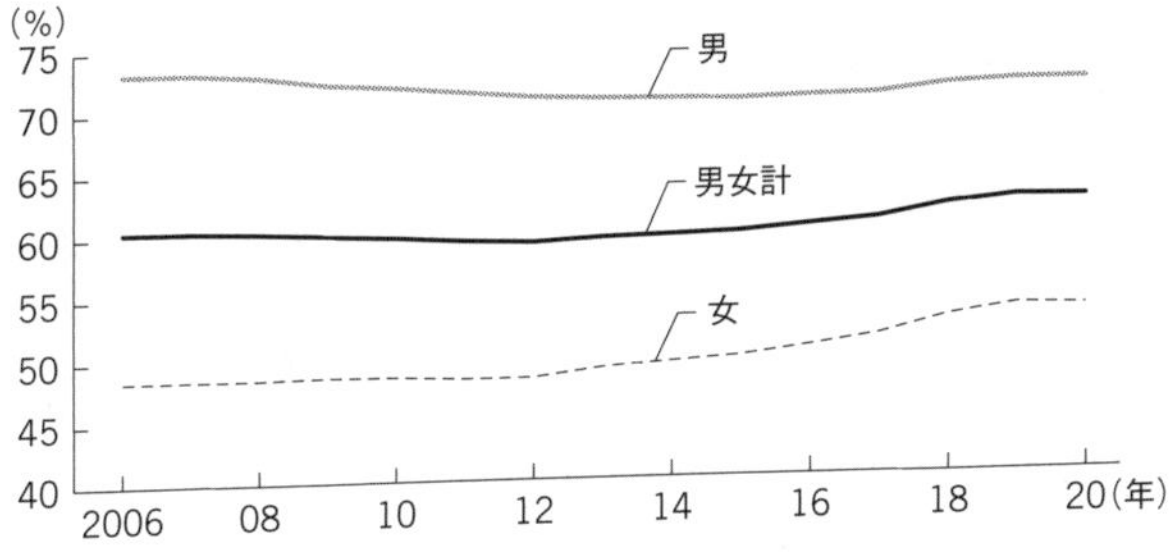

(出所)「労働力調査」

引き起こしており、経済成長の足を引っ張っている。

しかし、図表７－４は、いまの日本が抱える問題を的確に表しているとはいえない。なぜなら、女性の就業者にパートタイマーが多いことを反映していないからだ。

日本人の45％しか働いていない

「労働力調査」や「毎月勤労統計調査」には、パートタイマーの状況を示すいくつかの数字がある。しかし、バラバラに示されているので、全体像を把握するのが難しい。

これらの情報を総合的に捉えるには、第２章の６節で説明したＦＴＥ労働力（フルタイム労働力）の概念に集約して示すことが望ましい。

ＯＥＣＤは、ＦＴＥ労働力率のデータを公表している。いくつかの国を見ると、つぎの通りだ(2019年。15〜64歳のFTE労働力人口の同年齢人口に対する比率)。

OECD平均では、男が76・4%、女が54・7%。アメリカは、男77・4%、女60・8%。韓国は、男82・6%、女55・2%。スウェーデンでは、男74・7%、女65・6%。

ところがどういうわけか、日本の数字がない。そこで、以下に独自に計算してみることにしよう。

図表7-5　FTEベースの労働力率の推移

（単位：%）

年	男女計	男	女
2014	48.5	61.9	36.0
2015	48.7	61.9	36.3
2016	49.1	62.0	37.0
2017	49.6	62.4	37.7
2018	50.5	63.1	38.7
2019	50.9	63.2	39.3
2020	50.8	63.1	39.4

（出所）著者推計

労働力調査によれば、女性は約3割がパートタイマーだ。ここでは、労働力調査の数字を参照して、パートタイマーの労働時間は、一般労働者の半分であるとした。

これによって、FTEベースの労働力率を計算すると、図表7－5のようになる（注）。図表7－4と比べると、2013年以降の女性の労働力率の顕著な上昇は見られない。

また、右に見た諸外国の値と比べると、男も低いが、女がきわめて低い。2020年におけるＦＴＥベースでの労働力人口は、男３３７６万人、女２２５５万人、計５６３２万人だ。労働力調査による労働力人口６８６８万人より約１２３６万人も少なくなる。

５６３２万人の中には、失業者が含まれているが、彼らが職を得ても、総人口１２５８億人に対する比率は、44・８％にしかならない。つまり、フルタイム当量で見れば、日本人の６割近くは働いていないのだ。

（注）労働力調査では、全就業者を「営業主」「家族従業員」「雇用者」に分け、「役員を除く雇用者」を「正規」と「非正規」に分けている。そして「非正規」を「パート」「アルバイト」「契約社員」「嘱託」等に分けている。
ここでは、「非正規」のすべてが短時間労働者であるものとした。そして、その就業者総数に対する比率を「非正規率」とした。

また、パートタイマーの労働時間は、「労働力調査（基本集計）２０２１年」の図５「雇用形態，週間就業時間別雇用者の割合」から、正規の半分とした。

なお、図表７－５では、15歳以上のＦＴＥ労働力人口の同年齢人口に対する比率を示している。

日本は女性の潜在力を活用していない

なぜフルタイム当量での指標が重要なのか？

第1は、労働力人口が本当に増えているのかどうかについての判断だ。女性の労働力率引き上げは、経済全体の労働力不足を補うという点で重要な意味を持っている。また、家計の収入増大という意味もある。

安倍内閣は、アベノミクスの成果として雇用者数の増加を挙げた。確かに、図表7―4で見ると、女性の労働力率は2013年以降、上昇している。しかし、その実態は、パートタイマーの増加だったのだ。図表7―5に示したフルタイム当量での指標で見れば、それがよく分かる。労働力不足の補塡に関しても、家計収入の増加に関しても、事態はそれほど大きく改善されたわけではなかった。

国際比較をする場合にも、同じことがいえる。日本は労働力不足が深刻であるにもかかわらず、フルタイム当量で見た労働力率は諸外国に比べて低い（注）。

その大きな原因は、女性の労働力の多くをパートタイムという形でしか使っていないことによる。

OECDのデータによると、パートタイマーが全雇用者に占める比率は、つぎのとおりだ（2020年）。OECD平均では、男が9・9％、女が25・0％。アメリカでは、男5・0％、女15・7％。韓国では、男10・4％、女22・1％。スウェーデンでは、男11・4％、女17・1％。

それに対して、日本では、男15・0％、女39・5％だ。男性も高いが、女性のパートタイム率が国際的に見て著しく高い。

フルタイム当量での指標が重要である第2の理由は、女性の社会参加に関する判断だ。女性の労働力率向上は、社会参加の観点からも望ましい。日本の女性の労働力率は、世界標準より低いが、さほど大きな差ではない。しかし、フルタイム当量で見ると、日本の数字は非常に低い。つまり、補助的な仕事が中心になっているのだ。日本の統計は、この点をはっきりと示していない。

女性の社会的地位向上を実現する第一歩は、適切な指標を作ることによって、現実を適切に把握することだ。日本の雇用や賃金に関する統計は、この観点から見て、不満足な状態にあると言わざるを得ない。日本はフルタイム当量の統計を作る必要性が最も高い国だ。

平均賃金の値がどうなるかは、政策にも影響を与える。ＦＴＥ方式をとることは、その意味でも必要なことだ。

日本の賃金や労働力の統計は、非正規就業者がいまほど多くなかった時代に作られた。それが、現在に至るまで、そのままの形で続いている。この結果、経済の現状を的確に捉えているとは言い難い。FTEで計算した場合に比べて、平均賃金は低すぎ、就業者数は過大になっている。

アメリカでは、商務省のBEAの統計サイトに、FTE方式による労働者数や賃金のデータが掲載されている。日本でもこれと同じような統計を作成し、公表する必要がある。

なお、政府は企業に対して、男女の賃金差の公表を義務づける方針を固めた。これ自体は結構なことだと思う。しかし賃金の開示だけでは、以上で述べたような問題が発生してしまう。賃金とともに、労働時間を公表することが必要だ。

（注）図表7―5では15歳以上のFTE労働力人口の同年齢人口に対する比率を考えているのに対して、OECDの数字は15～64歳についてのものであることに注意。

5　日本型報酬体系が、企業の変革を阻害している

欧米諸国では、30歳以降は年功で賃金は上がらない

日本企業の報酬体系は、年齢が上がるほど賃金が上昇する「年功序列型」の仕組みになっている。

これは、男子の一般労働者においてとくに顕著だ。次ページ図表７－６に見るように、賃金月額は、19歳未満の18・３万円から年齢とともに増加し、55～59歳で42・０万円のピークになる。その後は下落し、70歳以上では26・１万円となる。これは、25～29歳とほとんど同じ水準だ。

これに対してアメリカの場合には、図表７－７に示すように、30代半ば頃までは職務経験の蓄積を反映して賃金が上昇するが、30代後半から60代前半までは、ほとんど年齢に関係なくフラットになる。

なお、OECD, Connecting People with Jobs, Towards Better Social and Employment Security in Korea のFigure1. 18に、各国の年齢別賃金のデータが示されている。

図表7-6　日本の年齢階級別賃金（男性、一般労働者、2020年）

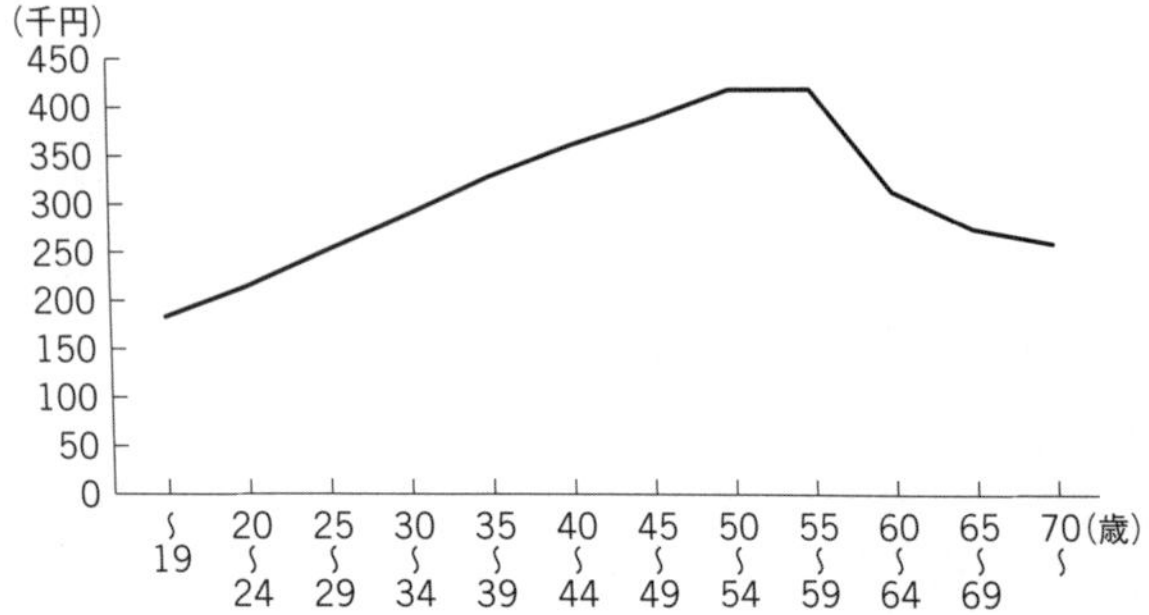

（出所）「賃金構造基本統計調査」のデータより著者作成

それによると、韓国も、日本と似た年功序列型だ。それに対して、ヨーロッパ諸国では、アメリカと同じように、30歳以降は、65歳以上まで含めて、ほとんど年齢に関係がないフラットな形になっている。

年功序列の報酬体系があるから、デジタル化が遅れる

日本の報酬体系は、生産性の向上を妨げている面が大きい。

第1の問題は、年功序列的な賃金は、労働の成果に応じる報酬になっていないことだ。

図表7－6に見るように、55～59歳の賃金は19歳未満の2・3倍であるが、単に年を重ねただけで、生産性がこれほど上がるとは考えられない。

図表7-7 アメリカの年齢階級別賃金
(男性、フルタイム労働者、2021年)

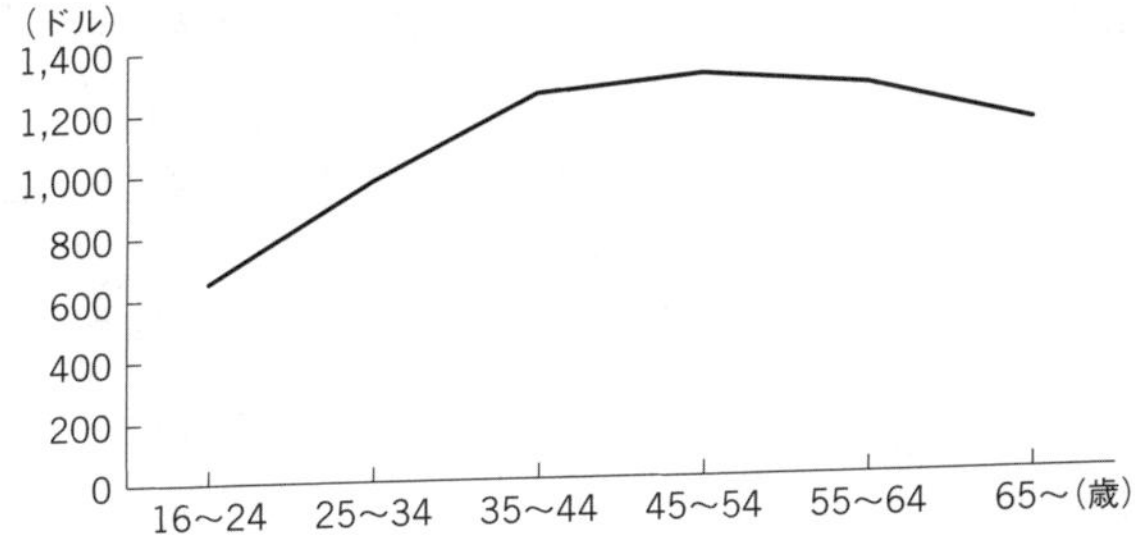

(出所) U.S. BUREAU OF LABOR STATISTICS のデータより著者作成

むしろ、年をとることによって、時代の変化に対応できなくなる危険のほうが大きいだろう。

それにもかかわらず日本の賃金体系で賃金が年齢とともに上昇するのは、年をとれば管理職の地位につくという、それだけの理由による場合が多いからだろう。

そうした人たちが意思決定権限を持つことになるので、企業が新しい事業に取り組むことが阻害される。なぜなら、新しいものの導入は、年長者の地位を危うくするからだ。

本来であれば新しい技術体系に応じて新しいビジネスモデルを導入する必要があるのに、日本企業は古い技術体系にしがみつこうとする。そして、変化する技術体系に適切に対応することができない。ましてや、新しい変化を世界に先駆けて実現することなど、ほとんど不可能だ。

また、年功序列的な報酬体系は、能力や生産性に応じて賃金を支払うことを難しくしている。このため、若い人材が持つ専門知識が適切に評価されない。

日本の企業の多くが新しい社会状況にうまく適応できない大きな原因が、ここにある。

「デジタル化の遅れ」ということがいわれるが、それは、こうした傾向の一つの現れにすぎない。日本の報酬体系が、様々な変革を阻害していると考えざるを得ない。

また、日本の報酬体系の中で、退職金は重要な地位を占めている。その額は、勤務年数と強く関連づけられている。

「退職金・年金に関する実態調査結果」（日本経済団体連合会、東京経営者協会、2022年3月）によれば、大学卒の退職金は、勤務年数が38年の場合には2243万円であるのに対して、10年の場合には289万円でしかない。このように、勤続年数によって、非常に大きな違いがある。

このため、早期に退職して他の企業に移ると、得られる退職金の額が大幅に減ってしまう。

転職者が少ないと、産業の新陳代謝が起こらない

労働政策研究・研修機構「データブック国際労働比較2022」によって勤続年数別雇用者割合（2020年）を見ると、日本では、短期間勤務者の比率が低く、長期間勤務者の比率が高い。アメリカは、ちょうどその逆になっている。

すなわち、勤続年数1年未満が、日本は8・5％、アメリカは22・2％であるのに対して、20年以上は、日本は21・7％であるのに対して、アメリカは10・8％となっている。

これは、日本で企業間の労働力移動が少ないことを示している。このことは、産業の新陳代謝を遅らせ、生産性を低める要因になっている。

企業間の労働力移動が少ない理由として、日本では解雇規制が厳しいこともあるだろう。それに加え、先に見たように、ある企業に一定年数在籍しないと十分な額の退職金を得られないことが、他の企業への移動に対して大きな障害になっていると考えられる。

変化が激しい世界では、労働力が他の企業に容易に移動できることが重要だ。

60歳からの生活をどう支えるか？

図表7－6でもう一つ重要な点は、日本の場合には、60歳を過ぎると、賃金が急激に低下

することだ。これは、定年後の再雇用が非正規の形をとるからだろう。すでに述べたように、欧米では、このような現象は見られない。

日本の雇用は「終身雇用的」といわれるのだが、実は60歳以降は、賃金の急減という深刻な問題を抱えているのだ。「人生100年時代」に適応した体制にはなっていない。

現在、公的年金の支給開始年齢は65歳に向けて引き上げられており、2025年に完了する。このため、企業が65歳までの雇用を維持することが期待されている。企業は、その要請に応えて雇用を維持することとしているが、賃金をカットしているのだ。

政府は、年金支給開始年齢を65歳からさらに引き上げることはないとしている。しかし、年金財政の実情を考えると、70歳にまで引き上げられる可能性は否定できない。そうなった場合に、70歳までの高齢者の世帯の生活を、企業の負担で面倒を見るのかどうかが、重大な問題だ。

以上で見たように、企業の報酬制度が現在のような形では、日本経済が変化に対応することは難しい。ましてや、世界をリードしていくことは、絶望的なほど難しいと考えざるを得ない。

現在の制度をどう変えていくかが、未来に向かっての重要な課題だ。これは、日本社会の最も基本的な仕組みを変えていくことを意味する。次節で述べるように「ジョブ型雇用」の導入などが始まっているが、その行方を注視したい。

6 ジョブ型雇用は日本経済再生の突破口になるか？

ジョブ型雇用の導入企業が広がる

「ジョブ型雇用」は、期待する貢献や責任範囲を従業員ごとに明記した「ジョブディスクリプション（職務記述書）」を作成し、報酬を職責に応じて決める仕組みだ。従業員は自ら応募して、より高い職責に挑戦する。

日立製作所や富士通などの大手電機メーカーが導入している。富士通は、2022年4月、ジョブ型雇用の対象を全従業員の約9割に拡大すると発表した。日立製作所は、7月にも「ジョブ型雇用」を本体の全社員に広げる計画だ。

経団連が2020年夏に行った調査では、419社のうち約100社が、検討中も含めてジョブ型に着手していた。

前節で見たように、日本では、年齢が上がるほど自動的に給与が上がる年功序列的な給与体系を採用している企業が多い。

それに対して、「ジョブ型雇用」では、職務ごとに異なる給与体系になる。技能が認められれば、年齢が若くても高い給料を得られる。逆に、年齢が上がっても、自動的に給与が上がるわけではない。また、一定期間の雇用が自動的に保障されるわけでもない。職務を要求通りに遂行できなかったり、職務そのものがなくなったりすれば、解雇されることもある。

ジョブ型は、外国ではごく普通の雇用体系だ。むしろ、日本型雇用のほうが、世界的に見れば特異だ。

現在の日本経済の停滞は、日本の雇用・給与体制が硬直的であり、技術や社会の大きな変化に適応できないことが大きな原因になっている。

ジョブ型雇用がこれを変える可能性がある。変化の大きい時代には、企業も労働者も、新しい働き方を切り拓く必要がある。

ジョブ型が本当に必要なのは「経営」

エンジニアやＩＴ専門家のように専門技能で仕事を進める職務にとっては、もともとジョブ型の雇用形態のほうが望ましい。

それだけではない。一般には事務系と考えられる仕事についても、この形態が必要とされる場合が多い。

例えば、金融の仕事がそうだ。日本の金融機関では、定型的な事務作業をする場合が多く、とりわけ専門的な知識が必要とされることが少なかった。しかし、先端的な金融業務はきわめて専門性の高いものであり、ジョブ型雇用に合ったものだ。

実は、経営者も本来は専門的な職業だ。したがって専門的な訓練を受け、それを活用して、一つの組織に固定されることなく、様々な企業の経営を経験することができる。アメリカでは、経営者は経営の専門家として様々な企業を渡り歩くのが、むしろ普通になっている。

これは、雇用統計にも反映されている。アメリカの雇用統計には、製造業や流通業などと並んで、「経営」という産業分類がある。「経営」は、どの産業にも必要とされる、独立した産業なのである。

それに対して、日本の経営者（オーナー経営者を除く大企業の経営者）は、その組織に長年いる人だ。そして、組織の出世の階段を上り、トップに上り詰めた人だ。日本では、「出世の階段を上るためには、特定の職務の専門家になるのではなく、ジェネラリストになることが必要」と考えられていた。

このような人たちが、激変する世界の中で新しいビジネスモデルを開拓できるかどうかは、大きな疑問だと言わざるを得ない。日本の電機メーカーが衰退したのは、２０００年頃にビジネスモデルの選択を誤ったからだ。

日本の雇用体制は、戦時中に確立された「１９４０年体制」のまま

日本の雇用形態は、昔から「終身雇用・年功序列型」であったと考えられている。確かに、戦後の日本では、この形態が一般的だった。

しかし、第二次世界大戦以前の日本においては、そうではなかった。とくに技能者は、企業間を転々と動くのがむしろ普通だった。

ところが重化学工業の発展に伴い、労働者を一つの企業に定着させ、企業内訓練によって

技術を高める必要が生じた。

このために、終身雇用・年功序列型の仕組みを導入し、労働者の企業定着を図ったのだ。労働組合も、職業別ではなく、企業別に形成された。私は、こうした経済体制を「１９４０年体制」と呼んでいる。

第二次世界大戦後の高度成長期には、この仕組みがうまく機能した。それは、日本が先進国へのキャッチアップ過程にあったからだ。先進国のモデルが存在していたので、どのようなビジネスモデルを採択したらよいかは、明らかだった。それに向かって、企業の従業員があたかも家族のように一致団結するという体制が必要だった。

しかし、１９９０年代頃から世界が大きく変わり、状況の大きな変化に対応することが必要になった。その局面で、日本型雇用体制は、大きな障害になってきたのである。

「もらいすぎ中高年」対策から、人生１００年時代の雇用へ

ジョブ型雇用はこれまでの雇用体制とは大きく違うので、簡単に導入できるものではない。

とくに重要なのは、一部の企業だけがジョブ型雇用を導入しても、うまく機能しないことだ。なぜなら、ジョブ型は、労働者が一つの企業にとどまらず、別の企業に移ることを前提

としているからだ。したがって、多くの企業がこのような体制を導入しないと、機能しない。

企業間の労働力の流動性を高めていくためには、様々な制度の整備が必要だ。とくに重要なのは、前にも挙げた退職金制度である。日本の場合には、一定の勤務年数にならないと満額を得られない場合が多い。これが、企業間流動性の大きな障害になっていると思われる。

確定拠出年金など、ポータブル型の退職金制度がこの問題を解決するが、まだ十分に普及しているとはいえない。

ジョブ型雇用の導入には、制度だけでなく、人々の考え方をも変える必要がある。実際には、年功序列型賃金と終身雇用に頼りたいと考える人が多いかもしれない。

事実、ジョブ型雇用には、様々な批判がある。企業がこれを導入するのは、労働コストの高い中高年従業員（いわゆる「もらいすぎ中高年」）の賃金を抑えたいからという見方もある。

ただし、いまの日本の雇用は、「終身雇用的」とはいっても、文字どおり生涯の雇用を保障しているわけではない。50代の後半になれば、つぎの職場を探さなければならない。そして、転職できても、元の企業に残れても、賃金が大幅に下がる。平均寿命が延びて人生100年時代になってくると、むしろジョブ型のほうが長期間の所得稼得を可能にする可能性がある。

企業別労働組合である日本の労働組合が、これに対してどのような評価をするかが注目される。

7 「新しい付加価値を生み出す企業」を作れ

日本にとって最も重要な長期的経済課題

2021年8月以来、日本の貿易収支の赤字が続いている。21年11月、22年1月には、経常収支も赤字になった。経常収支は22年2月には黒字化したが、今後再び赤字になる可能性がある。

今回の貿易収支赤字の拡大は、原油価格の高騰という短期的な要因によるところが大きい。ただし、日本の貿易収支が長期的、構造的に悪化傾向にあることも事実だ。

赤字が継続するとの予想があれば、円安が加速される。それが輸入物価を引き上げて、さらに赤字を拡大するという悪循環に陥る危険がある。そうした過程を阻止する必要がある。

これは、短期的施策では対処できない、構造的問題だ。

日本にとって最重要の長期的経済課題は、高い付加価値を生む企業を作り、それによって持続的な経済成長を維持することだ。これは「生産性の向上」といってもよい。
そして、そのような未来に向かって、日本の可能性を高めていくための構図を描くことだ。

「停滞」でなく「衰退」に陥る危険

日本は、これから先2040年頃まで、人口の高齢化が進展する。それに対応するために女性や高齢者の活用が大変重要な課題だ。これができなければ、生産性はさらに低下してしまう。ただし、そのためには、様々な社会的制度が整備されていなければならない。

日本の賃金は、長期にわたって停滞している。これを放置すれば、日本の賃金が国際水準から見て低くなり、人材の獲得が難しくなる。あるいは、日本の人材が海外に流出してしまう。そして生産性がさらに低下する。

だから、賃金が継続的に上昇する経済を作ることが必要だ。これは、付加価値の成長があって初めて実現する。

そのためには、新しいタイプの産業や企業が登場することが必要だ。これまでの産業では、生産性の向上には限度がある。したがって、賃金の引き上げにも限度がある。

付加価値の成長は、賃金上昇のために必要なだけではない。国全体の付加価値が成長しなければ、道路や橋などの社会資本の維持・補修も困難になる。そして、これが生産性に悪影響を与えるという悪循環が生じる。

現時点で抜本的な政策をとらない限り、日本経済は、停滞というだけでなく、衰退する危険がある。

１９９０年代以降、世界は大きく変わった。とくに、中国の工業化とＩＴ革命が重要な変化だ。しかし、日本では、産業構造も個々の企業も、こうした大きな変化に対応して変わったとはいえない。基本的には、１９９０年代までの構造が続いている。日本経済が長期的な停滞に陥り、賃金も上昇しない基本的な理由は、ここにある。

この状態を変え、従来型の産業構造と従来型のビジネスモデルから脱却する必要がある。その基本的な方向づけは、右に述べた２つの大きな変化、つまり中国の工業化とＩＴ革命にいかに対応するかである。過去20年間にわたる日本経済の長期停滞は、この２つの変化に日本が適切に対応できなかったために生じたのだ。

国際的分業とファブレス製造業を目指せ

日本経済の将来に関しては、「新しい資本主義」というような抽象的なことでなく、具体的な方向を示す必要がある。

第1の課題は、中国工業化への対応だ。

日本では、これまで国際的な分業を進める発想が弱く、日本の中で、あるいは一つの企業の中で事業を完結させるという考えが強かった。そして、賃金を固定して円安政策をとることによって、価格で競争する方向を選んだ。

しかし、その方向づけが、現在にまで続く停滞を生んだのだ。そして、この節の最初に述べたような貿易収支の悪化がもたらされた。だから、すべてを日本国内で完結させるという考えではなく、世界の中で分業関係をどう築くかという考えに転換することが必要だ。

そのための第1の課題は、第3章の2節で述べたように、製造業においてファブレス化（工場のない製造業）を進めることだ。これは、世界的分業の中で日本のあるべき位置を確立することだ。

ファブレスが製造業の生産性を飛躍的に高めることは、アップルが明確に示した。アメリカでは、アップルだけでなく、エヌビディアなど多くのファブレス企業が登場している。

日本はこの方向への変化が著しく遅れている。キーエンスがファブレスだが、それ以外には目立ったファブレス企業が誕生していない。

ビッグデータの活用を目指せ

日本に要求される第2の課題は、1990年代以降に進展した情報化への対応だ。しばしば、「デジタル化が必要」といわれる。デジタル化の内容として通常いわれることは、主として、インターネットへの対応である。それは必要なことだ。しかし、それは世界の標準に追いつくだけのことであり、決して十分ではない。

従来のタイプの製造業（ものづくり）は中所得国や発展途上国に移行し、先進国の世界経済はこれまでのタイプの製造業から情報産業に重点を移しつつある。だから、情報によって収益を得られるような新しい経済活動を、日本でも発展させることが必要だ。

中でも重要なのが、ビッグデータを用いた経済活動だ。その場合のポイントは、ビッグデータをいかに収益化するかである。ビッグデータは、これまでの情報やデータとは違う新しい性格のものだ。したがって新しい対応が必要である。

だが、残念なことに、ビッグデータの活用は、アメリカの巨大ＩＴプラットフォーム企業によって独占されている。そして、日本はこの面で著しく遅れている。

日本でグーグルやメタ（旧・フェイスブック）のようなプラットフォーム企業を作ることは難しい。しかし、ビッグデータは他にもある。とくに重要なものとして、マネーのデータの利用が考えられる。

これには2つの方向がある。第1は、銀行APIの活用（業務システムと銀行口座との自動連携）によって、銀行が保有する膨大な預金データを利用することだ。これによって、リアルタイムのデータドリブン経営が可能になる。

第2は、CBDC（中央銀行デジタル通貨）から得られるデータの利用だ。

政府の役割は補助ではなく「変化を阻害する条件の撤廃」

このような大きな変革を実現するために、政府が果たすべき役割は何か？

多くの人は、政府が発展産業を育成することだと考えている。そして、政府がそうした分野に補助を与えることだと考えている。しかし、この考えは誤っている。

政府の役割は、補助を与えることではない。補助金漬けになった産業は必ず衰退する。

政府が行うべきは、基礎的条件の整備だ。とりわけ、「変化を阻害している条件を取り除く」ことだ。様々な分野に参入規制があり、生産性の向上を妨げている。既得権益と戦って、これらを除去することが、政府に課された最も重要な役割だ。

右に述べたような改革を進めれば、社会構造に大きな影響を及ぼさざるを得ない。

製造業のファブレス化もＣＢＤＣのデータ活用も、雇用の面で、大きな社会的変化を引き起こさざるを得ない。

ファブレス化を進めれば、工場で働いている人たちの職が奪われる。製造業の就業人口は、減少しつつあるとはいえ、なおかつ膨大だ。そして、企業城下町として、高度成長期以来の製造業に依存している地域も少なくない。したがって、ファブレス化は、大きな社会的変化を伴わずには実現できない。

ＣＢＤＣは、現在の金融構造に大きな影響を与える。とりわけ、地域銀行の淘汰という問題が起こりかねない。こうした問題をどのように克服するかが大きな課題だ。

雇用調整助成金に見る雇用優先政策の行きすぎ

これまで日本では、「雇用の確保」が最優先の課題と考えられてきた。新しい条件に適応して産業構造を変えるのではなく、従来の産業構造のままで、同じ企業で同じ仕事を続けられることが、労働者のための政策だと考えられてきた。

それを典型的に表すのが、雇用調整助成金だ。これは、休業者に対して企業が賃金を支払った場合に、それを雇用保険の基金を用いて補填する制度である。

リーマンショックで製造業が危機に陥ったときにこの制度が用いられ、鉄鋼業などの製造業を中心として、多数の休業者に支給がなされた。その結果、失業率の上昇を抑えることができた。しかし、古い産業が淘汰されずに残ってしまった。

コロナ禍でも、休業者に対して雇用調整助成金が給付された。しかも、特例措置が導入され、支給額が上乗せされた。雇用調整助成金による休業者支援は、当初は数カ月間の臨時措置として導入されたのだが、いまに至るまで継続している。

労働力調査によると、2021年度の休業者数は206万人だった。19年度より約30万人多い。21年度の完全失業者数（193万人）より13万人も多い。業種別で見ると、宿泊業・飲食サービス業（25万人）、卸売業・小売業（23万人）などが多い。

そして、2022年4月下旬までに5兆円超の雇用調整助成金の支給がなされた。

本来であれば、職業訓練プログラムを実施して、他企業、他産業への労働力の移動を促進すべきだろう。そうした政策は行われてはいるが、決して十分なものとはいえない。

こうした制度を残せば、産業構造の転換は実現できない。このような政策を今後も続けるべきか否かについて、基本的な検討が必要だ。

世界経済が大きく変化する中で従来の政策を続けていれば、取り残されてしまう。いま日本が置かれた状況は、まさにそのようなものだ。

基本的な方向づけを変更するのは、容易なことではない。ただし、そうした変化を行わない限り、日本社会に未来は開けないことを認識しなければならない。

大学を補助するのでなく、学生を補助せよ

新しい経済活動は、高度の技術者を必要とする。だから、大学や大学院レベルの教育・研究機関の充実が不可欠だ。

ところが、日本の工学部は、ハードウエアを中心としたものになっており、情報関係が弱い。コンピューターサイエンスやデータサイエンスの比率を高めることが必要だ。

産業の場合と同じように、必要なのは、大学に対して経常的な補助を与えることではない。そうすれば、大学は補助に安住し、時代の変化に対応しなくなってしまう。

補助は大学に対して与えるのでなく、奨学金の形で学生に与えるべきだ。そうすれば、大学は、社会的需要が強い分野を充実しようとするだろう。大学の内容を社会の変化に応じて変えるためには、現在の仕組みを根本から見直す必要がある。

第7章のまとめ

1 賃金を引き上げるために、春闘への介入や賃上げ税制が試みられた。また、最低賃金の引き上げや同一労働同一賃金制度が必要といわれる。しかし、このような政策では、経済全体の賃金は上がらない。

2 賃金を引き上げるには、就業者一人あたりの付加価値生産を増加させることが必要だ。そのためには、技術革新を進め、新しいビジネスモデルを確立し、新しい産業を起こす必要がある。
また、年功序列的な給与体系や税制などの制度の改革、規制緩和、高等教育の整備も必要だ。

3 日本の平均賃金は、過去20年の間にかなり低下している。これは、パートタイマーが増えているからだ。これには、所得税の配偶者控除が大きな影響を与えている。

4 パートタイマーが多いため、フルタイム当量で見ると、日本人の約6割は働いていないとの結論が得られる。労働力不足経済なのに、女性の潜在力が活用されていない。

5 日本企業の報酬体系は、年功序列と退職金制度を核として作られている。これらはいずれも労働者の企業定着を目的として作られた制度だ。しかし、労働者の流動化が必要な社会においては、この制度と社会的な要請との齟齬が顕著になっている。

6 「年功序列と終身雇用」という日本型雇用形態から脱却しようとする「ジョブ型雇用」が広がっている。従来の日本型雇用は、日本経済を衰退させた大きな原因だ。ジョブ型雇用がこれを打破することが期待される。ただし、その導入は簡単なことではない。

7 従来の産業構造をいつまでも維持することはできない。ファブレス製造業への転換やビッグデータの活用により、新しい付加価値を生み出す産業構造を目指す必要がある。政府の役割は補助ではなく、構造改革を進めることだ。

あとがき
人の生くるは、パンのみによるにあらず

「高い給与を追い求めるのではなく、足るを知るべし」との考えについて

私は本書で、日本の賃金が外国より低く、しかも停滞しているのが問題だとし、この状況を何とか変えるべきだと主張した。そのためには、日本企業の生産性を上げることが必要だと指摘し、それを強調するために、「稼ぐ力」というかなり「あこぎな」表現も用いた。

このような主張や表現に対して、「金銭的価値を重視しすぎている」との印象を持つ方がいるかもしれない。そして、本書の姿勢に対して、つぎのような批判があるかもしれない。

人間の価値は、賃金や報酬で決まるのではない。貧しくても心豊かな人はたくさんいる。給料が低くても、働きがいのある職場がある。逆に、高い給与を得ていても、心が貧しい人はたくさんいる。

企業は「稼ぐ」ために存在しているのではない。そうではなく、社会に貢献するために存在しているのだ。国の本当の豊かさも、賃金水準では測れない。

だから、われわれは、高い給与を追い求めるのではなく、足るを知るべきだ。グーグルに雇われて1億円の年収を得るよりも、家庭菜園で野菜作りに精を出すほうが幸せなのだ。

私は、このような意見を否定しようとは思わない。こうした意見には、耳を傾け受けるべき点がある。

私が本書でこうした主張をしていないのは、人間の幸福のすべての側面について論じようとしたのではないという、ただそれだけの理由による。

本書が論じているのは、人間の幸福の多様な側面のうちの、一つの側面だ。しかし、それが誰にとっても大変重要だと考えるので、この問題を取り上げた。

繰り返すが、人間の幸福が給与や賃金だけで決まるのでないことは、間違いない。

しかし私は、このような議論や意見が、賃金や給与に関する論争に安易に持ち出されることに対しては、強い抵抗感を覚える。それは、時として怒りといってもよい感情だ。

なぜなら、そうした意見が出されるのは、社会を改善したいからではなく、大向こうの喝采を得たいとしか思えない場合が多いからだ。

人々の拍手を狙って出される意見は、事態を改善することに、何の役割も果たさない。われわれが抱えている本当の問題から目をそらせるだけのことだ。

そして、大審問官の物語

経済的な豊かさがいかほどの意味を持つかは、企業の社会的責任論や、「足るを知れ」や、家庭菜園などよりずっと深遠なレベルで、人類が向き合わなければならない最も重要な問題の一つだ。そして、人類の歴史において繰り返し論じられてきた、最も根源的な問いの一つである。

マタイ伝福音書第4章が伝えるところによれば、イエス・キリストは、荒野で40日間の断食を行ったとき、悪魔から3つの試みを受けた。

その第1が、「荒野に転がっている石をパンに変えてみよ。そうすれば、人々は汝に従うだろう」というものだった。

これに対してイエスは、「人の生くるはパンのみによるにあらず。神の口より出づるすべての言葉による」と答えた。

悪魔の提案を拒否し、それと正反対の、明確な方向づけを行ったのだ。

「しかし、この答えは人類の救済にはならなかった」というのが、ドストエフスキイ『カラマアゾフの兄弟』の中で、イヴァン・カラマアゾフが創作した劇詩に登場する大審問官の考えだ。

なぜ救済にならないのか？　それは、人間は、天上のパンで満足するにはあまりに低劣な存在だからである。大審問官はキリストに向かって言う。「かよわい、永遠に汚れた、永遠に卑しい人間種族の目から見て、天上のパンを地上のパンと比較できるだろうか？」「ほかならぬこの地上のパンのために、地上の霊がお前に反乱を起こし、お前と戦って、勝利をおさめるのだ」

そして、天上のパンで人々を惑わすのではなく、地上の王国を建設し、地上のパンを与えて人々を救済すると、宣言する。

イヴァンの劇詩の大審問官は、16世紀のスペインで結成されたジェズイット教団の指導者だ。しかし、読者としては、この物語を、現代の社会に拡大解釈したくなる。では、現代社会における大審問官は、一体、誰なのか？

当然あり得る解釈は、政治家だろう。もっとも、その辺にゴロゴロしている政治家ではない。社会改革に向けて明確で強固なビジョンを持った政治家だ。

この解釈によれば、イヴァンが創作した物語は、歴史の予言であったことになる。人々を強権と服従によって統治しようとしたスターリンや毛沢東は、大審問官たらんとして失敗したのだ。では、正反対の手段（市場の力）を用いて中国を500年の眠りから目覚めさせた鄧小平が大審問官か？

この議論は容易に決着しそうにないのだが、私は大審問官について、政治家とは別の解釈が可能だと考えている。

それは、石ころをパンに変えることが、科学の力によって可能だと信じる人々だ。そして、それによって人類が豊かになれると信じる人々だ。

ここに含まれるのは、ガリレオやニュートンのような自然科学者だけではない。分業と比較優位の原則を見いだしたアダム・スミスやデイヴィッド・リカードなどの経済学者も含まれる。また、この人たちのように歴史に名が刻まれた人々だけでなく、もっとずっと広い範囲の人々が、ここに含まれる。専門の学者だけでなく、実務家も含まれる。

本書で「稼ぐ力」とか「生産性」という言葉で表現したものは、地上のパンを、奇跡によらず、科学の力によって作り出すことなのだ。

ところで、ドストエフスキイが『カラマアゾフの兄弟』を書いたときから、世界は大きく変わった。最も大きく変わったのが科学の可能性だろう。

それは良い方向の変化でもあったし、悪い方向への変化でもあった。すでに1961年に、ジョン・F・ケネディ大統領は、就任演説の中で、「いまや人類は、あらゆる種類の貧困を撲滅する力と、あらゆる種類の人間の生命を抹殺する力を持つに至った」と述べた。

このときから数えても、すでに60年が経っている。科学のフロンティアは、そのときからさらに大きく拡大した。だが、人類はまだ、科学の力で石ころをパンに変えることはできない。

われわれは二千年前に悪魔が発した問いとどう向き合うべきか。基本的な問いは、いまだに解決されずに、われわれの前にある。

一人あたり売上高　146
103万円の壁　213
ファナック　97
ファブレス　97, 154
ファブレス化　236
フィリップス　82
フェイスブック　92
付加価値　6, 89, 198
富士通　227
物価が安い国　57
物価上昇率　168
物価対策　190
プラットフォーム企業　237
フルタイム当量　77, 158, 211
分業主義　84
分配なくして成長なし　202
分配問題　132
分配率　89
平均賃金　105
貿易収支の赤字　233
法人企業統計調査　136
ポータブル型の退職金制度　232
ボリュームゾーン　88

―― ま ――

マイクロソフト　92
マネーのデータ　237
みずほ　118
三菱重工業　98
三菱商事　98, 118
民間給与実態統計調査　134
無形資産　154
名目賃金　168
メタ　91, 237
毛沢東　247
もらいすぎ中高年　232

―― や ――

安売り戦略　186
輸入物価　169
横河電機　97

―― ら ――

リカード、デイヴィッド　248
リカレント教育　204
リスキリング　204
労働組合　140
労働分配率　140
労働力人口　205, 218
労働力不足　205
労働力率　214
六重苦　88, 186
ロシア軍の正体　60

―― わ ――

悪い円安　189

先端IT企業　88
専門的な職業　229

―― た ――

退職金　203, 224
退職金制度　232
大審問官　246
大量離職時代　36
脱・印鑑　203
足るを知るべし　244
地上のパン　247
中間値　119
中国の工業化　235
賃上げ税制　199
賃金　72
賃金格差　132
賃金決定メカニズム　172
定年後の再雇用　226
TSMC　53
データドリブン経営　203, 238
適正な分配　202
デジタル化　154, 203, 222, 237
デジタルカメラ　87
テスラ　92
転嫁　184
天上のパン　247
転職者　225
同一労働同一賃金　201
東京エレクトロン　97
東芝　118
鄧小平　248
ドストエフスキイ　246
トヨタ自動車　53, 82, 98, 118
取引慣行　151

―― な ――

ニコン　83
二重構造　136, 137
日本円の購買力　55
日本型雇用体制　231
日本型縦割り組織　85
日本型報酬体系　221
日本人の平均給与　104
日本の経営者　230
年金支給開始年齢　226
年功序列型　221
年功序列的な賃金体制　203
年収1億円　24

―― は ――

パートタイマー　210
パートタイム労働者　75, 157
配偶者控除　213
配偶者特別控除　213
バラマキ的な再分配政策　133
パレート分布　118
半導体製造装置　83
ビジネススクール　116
ビジネススクール卒業生の初任給　29
ビジネスモデル　86, 230
日立製作所　227
ビッグデータ　154, 203, 237
ビッグマック指数　56
人手不足　214
一人あたりGDP　50, 72

銀行API　238
金融緩和　191
グーグル　24, 92, 237
グーグルプレックス　42
口先介入　193
経営者　229
ケネディ、ジョン・F　248
原油価格　179
高額所得者の比率　120
公正な分配　202
高等教育　204
高度成長期　231
高度専門家　28
高齢化　205
高齢者　214
国際的な分業　236
コストプッシュ・インフレ　33
コブ＝ダグラス型　142
雇用調整助成金　240

―― さ ――

最低賃金　200
最適な賃金水準　200
サムスン　53, 94
産業構造　198
産業の新陳代謝　225
参入規制　136
CBDC（中央銀行デジタル通貨）　238
G7　52
ジェズイット教団　247
ジェネラリスト　230
自社主義　84
下請け制度　152
実質実効為替レート　54
実質賃金　168
資本装備率　142, 145, 154, 200
終身雇用・年功序列型　230
春闘　199
春闘賃上げ率　170
奨学金　241
消費物価上昇率　170
情報化　237
情報データ処理サービス　29
情報立国化　156
女性の社会参加　205, 219
所得格差　132
ジョブ型雇用　227
ジョブマーケット　172
シリコンバレー　27, 90
新型コロナウイルス　34
人口の高齢化　234
人生100年時代　226
スターリン　247
スタンフォード大学　43
ストックオプション　25
スミス、アダム　248
正規と非正規　108
正規分布　118
成功者　111
生産関数　142
生産性　6, 73, 90, 141, 198, 248
成長なくして分配なし　201, 202
世界的水平分業化　156
1940年体制　231

索 引

── あ ──

IT革命 156, 235
iPhone 58
アイルランド 155
新しい技術 198
新しい資本主義 235
新しいビジネスモデル 198
アップル 91, 153, 236
アップル・スペースシップ 41
安倍晋三 199
アベノミクス 52
アマゾン 24, 92
アマゾン効果 37
粗利益 6, 89
EUV露光装置 84
一次産品価格 169
飲食サービス業 157
ウクライナ 60
ウクライナ侵攻 169
打ち出の小槌 202
売上総利益 89
売上高に対する付加価値の比率 146
ASML 82
FTE 77, 211, 215
FRB（アメリカ連邦準備制度理事会） 180
エヌビディア 92, 236
円高 88
円安 178
円安スパイラル 191
円安政策 52
円安という麻薬 187
OECDの賃金統計 55
オイルショック 176
オリガルヒ 69

── か ──

科学の力 248
核になる技術 86
学歴 109
稼ぐ力 6, 82, 244
為替介入 193
為替レート 180
韓国 70
韓国の賃金 48
キーエンス 97, 154, 236
企業間の労働力移動 225
企業の時価総額世界ランキング 53
企業の社会的責任 246
岸田文雄 132, 202
規制緩和 202
既得権 202
規模の利益 149
キヤノン 83
休業者 240
旧財閥系の企業 96
巨大さ 96

野口悠紀雄　のぐち・ゆきお

一橋大学名誉教授。1940年生まれ。63年東京大学工学部卒業、64年大蔵省入省、72年イェール大学Ph.D.取得。一橋大学教授、東京大学教授、スタンフォード大学客員教授、早稲田大学大学院ファイナンス研究科教授などを歴任。専門はファイナンス理論、日本経済論。主な著書に『ブロックチェーン革命』『日本が先進国から脱落する日』『リモート経済の衝撃』『円安が日本を滅ぼす』など。

日経プレミアシリーズ｜483

どうすれば日本人《にほんじん》の賃金《ちんぎん》は上《あ》がるのか

二〇二二年九月八日　一刷
二〇二二年十一月二日　四刷

著者　野口悠紀雄
発行者　國分正哉
発行　株式会社日経BP
日本経済新聞出版
発売　株式会社日経BPマーケティング
〒一〇五―八三〇八
東京都港区虎ノ門四―三―一二
装幀　ベターデイズ
組版　マーリンクレイン
印刷・製本　中央精版印刷株式会社

ISBN 978-4-296-11534-1　Printed in Japan

日経プレミアシリーズ453

安いニッポン「価格」が示す停滞

中藤 玲

日本のディズニーランドの入園料は実は世界で最安値水準、港区の年平均所得1200万円はサンフランシスコでは「低所得」に当たる……いつしか物価も給与も「安い国」となりつつある日本。30年間の停滞から脱却する糸口はどこにあるのか。掲載と同時にSNSで爆発的な話題を呼んだ日本経済新聞記事をベースに、担当記者が取材を重ね書き下ろした、渾身の新書版。

日経プレミアシリーズ477

資源カオスと脱炭素危機

山下真一

「時代遅れ」と切り捨てたはずの化石燃料が、ロシアのウクライナ侵攻で改めて脚光を浴びている。時代は逆流し、グローバルな脱炭素への取り組みは後退するのか。本書は、エネルギーを中心に混迷する資源の動きを追い、いま世界で何が起きているのかをわかりやすく解説する。

日経プレミアシリーズ476

『失敗の本質』を語る

野中郁次郎＝著　前田裕之＝聞き手

ベストセラー『失敗の本質』はどのようにして誕生し、『アメリカ海兵隊』『戦略の本質』『国家戦略の本質』『知的機動力の本質』『知略の本質』などへと展開していったのか。本書は野中氏がリーダーとなった戦史研究を俯瞰し、どのように研究を深め、自身の経営理論とどうリンクしてきたのかを、自ら解説するもの。著者が自らの知識創造の軌跡を解明する試みでもある。